Strafrenten

Markenzeichen des bundesdeutschen Rechtsstaates

- Eine Dokumentation -

Vorstand ISOR e.V.

August 2019

Inhalt

Vorwort..3
Briefe von ISOR an verantwortliche Politiker 7
inkl. der Anlagen
- Erklärung der Verbände des OKV zur Nichtannahme der Verfassungsbeschwerden 18
- Auszug aus dem Gutachten von Prof. Dr. Dr. Detlef Merten - Zusammenfassung seines verfassungsrechtlichen Gutachtens 25

Antworten (jeweils als Bild und Text) liegen vor von/vom
Kanzleramt...48
Bundesministerium für Arbeit und Soziales...................50
Minister für Arbeit und Soziales H. Heil und Antwort... 52
Bundesministerium für Finanzen..................................61
der CDU/CSU 63
der Partei Die Linke 65
Petitionsausschuss...69
Stellungnahme von ISOR zur Ablehnung durch den Petitionsausschuss................................79
Brief an Bundespräsidenten..84
Brief an die Vorsitzende der CDU 90
Übersicht zu unbeantworteten Schreiben.....................93

Vorwort

Artikel 7 der UN Menschenrechtscharta lautet:

„Alle Menschen sind vor dem Gesetz gleich und haben ohne Unterschied Anspruch auf gleichen Schutz durch das Gesetz. Alle haben Anspruch auf gleichen Schutz gegen jede Diskriminierung, die gegen diese Erklärung verstößt, und gegen jede Aufhetzung zu einer derartigen Diskriminierung".

Im Internet-Lexikon Wikipedia ist nachzulesen: „Das **Diskriminierungsverbot**, auch **Benachteiligungsverbot**, untersagt, Menschen wegen bestimmter Merkmale ungleich zu behandeln, wenn dies zu einer **Diskriminierung**, also einer Benachteiligung oder Herabwürdigung Einzelner führt, ohne dass es dafür eine sachliche Rechtfertigung gibt. Insbesondere dürfen weder Geschlecht, Rasse, Hautfarbe, Sprache, Religion, politische oder sonstige Anschauung, nationale oder soziale Herkunft, Zugehörigkeit zu einer nationalen Minderheit, Vermögen, Geburt noch der sonstige Status als Unterscheidungsmerkmale herangezogen werden. Das Verbot gilt als **Willkürverbot** in demokratischen Staaten grundsätzlich für jedes Staatshandeln."

In einem Land, das sich aller Welt als vorbildlicher Rechtsstaat präsentiert, in dessen Grundgesetz im Artikel 3 das Gleichheits- und Diskriminierungsverbot übernommen und in dem sogar ein gesondertes Antidiskriminierungsgesetz erlassen wurde, sollten ideologisch motivierte Willkürgesetze gegen ganze Personengruppen völlig ausgeschlossen sein.

Die nachfolgende Dokumentation belegt anschaulich, wie ehemaligen Angehörigen des MfS und verschiedenen ehemaligen Funktionsträgern der DDR eine Gleichbehandlung mit den anderen DDR-Bürgern – speziell bei der Berechnung ihrer Renten – verwehrt wird.

Nachdem das Bundesverfassungsgericht im Jahre 2016 mit der pharisäerhaften Formel, dass die politischen Verantwortungsträger jederzeit günstiger entscheiden könnten, einer klaren Entscheidung ausgewichen ist, haben sich Letztere in ihren Antworten auf ein Schreiben des Vorsitzenden der ISOR e.V. entweder nicht zuständig erklärt, keinen Handlungsbedarf erkannt, überhaupt nicht geantwortet oder auf den Petitionsausschuss des Bundestages verwiesen.

Der Petitionsausschuss hat dann schließlich – nicht zum ersten Mal – eine abweisende Antwort erteilt, ohne sich ernsthaft mit den vorgebrachten Argumenten zu beschäftigen.

Unsere Bemühungen, die seit mehr als 28 Jahren existierende, rechtsstaatlich nicht zu begründende rentenrechtliche Diskriminierung der von Strafrenten Betroffenen auf politischem

Weg zu überwinden sowie die Reaktionen der politisch Verantwortlichen, sind in der vorliegenden Broschüre dokumentiert.

Ehemalige Mitarbeiter des MfS sind nicht nur rentenrechtlich diskriminiert. Das passive Wahlrecht wurde ihnen und ihren inoffiziellen Mitarbeitern de facto aberkannt, für sie gelten nach wie vor Berufsverbote für den öffentlichen Dienst und auch der wohl kaum rechtsstaatliche mittelalterliche Pranger funktioniert im Internet wie in der Gedenkstätte Berlin-Hohenschönhausen.

In Deutschland verjähren selbst Straftaten (außer Mord und Völkermord) nach 30 Jahren. Wer straffällig wurde und seine Strafe verbüßt hat, erhält bereits nach 10 Jahren in seinem Führungszeugnis den Eintrag „nicht vorbestraft" (Ausnahme lebenslängliche Strafen und Sicherungsverwahrung), nach 20 Jahren wird seine Strafe aus dem Bundeszentralregister gelöscht. Seine Straftat darf ihm dann nicht mehr vorgeworfen werden. Das Bundeskabinett hat jetzt eine Novellierung des „Stasi-Unterlagengesetzes" beschlossen, wonach Überprüfungen auf „Stasi-Mitarbeit" auf 40 Jahre verlängert werden sollen. Kommentar überflüssig.

Die Diskriminierung der ehemaligen Angehörigen des MfS ist bei weitem nicht die einzige, aber die krasseste und perfideste Benachteiligung von Bürgern im vom Westen verwalteten und beherrschten Osten Deutschlands. Ca. eine Million ehemalige DDR-Bürger, Angehörige von insgesamt 19 Berufs- und Personengruppen werden um Ansprüche aus Sonder- und Zusatzversorgungssystemen betrogen. Ostdeutsche erhalten insgesamt niedrigere Löhne und Renten. Lukrative Posten in Staat, Justiz, Medien, an Hochschulen und Universitäten sind vorwiegend Westdeutschen vorbehalten – eine kulturkoloniale Dominanz, die das Märchen von einer „Wiedervereinigung" Lügen straft. Aber das ist schon ein anderes Thema…

Horst Parton
Vorsitzender ISOR e.V.

**Initiativgemeinschaft zum Schutz der sozialen Rechte ehemaliger Angehöriger bewaffneter Organe und der Zollverwaltung der DDR e.V. –ISOR e. V. -
Der Vorstand**

Franz-Mehring-Platz 1,
10243 Berlin
Telefon: (030) 2978 43 16
Fax: (030) 2978 43 20
E-Mail: ISOR-Berlin@t-online.de
Berlin, 02.05.2018

Bundeskanzlerin

Bundesminister für Arbeit und Soziales, des Inneren, für Bau und Heimat, der Verteidigung, der Finanzen,

Fraktionen der Parteien im Deutschen Bundestag,

Bundestagsausschüsse für Arbeit und Soziales, für Recht und Verbraucherschutz, Petitionsausschuss

Sehr geehrte Damen und Herren,
Im nunmehr 28. Jahr nach der Wiederherstellung der staatlichen Einheit Deutschlands ist es nach Auffassung unserer Initiativgemeinschaft[1] höchste Zeit und dringend erforderlich, die ausschließlich politisch mo-

---

[1] ISOR e.V. wurde im Juni 1991 gegründet und hat gegenwärtig mehr als 10.000 Mitglieder. Der Altersdurchschnitt der Mitglieder liegt bei über 75 Jahren. Seit 1991 sind ca. 14.000 ISOR-Mitglieder verstorben.

tivierten Kürzungen von Rentenansprüchen für ehemalige Angehörige des MfS und ausgewählte Gruppen von Verantwortungsträgern der DDR aufzuheben und zu Rechtsstaatlichkeit zurückzukehren. Noch immer sind vom Grundgesetz der Bundesrepublik Deutschland garantierte Grundrechte, wie das Gleichheitsgebot nach Artikel 3, und der auch für Rentenansprüche geltende Eigentumsschutz nach Artikel 14 für diesen Personenkreis außer Kraft gesetzt.

Für die Angehörigen des MfS/AfNS bestand nach Feststellung des Bundesverfassungsgerichtes (BVerfG)[2] ein Sonderversorgungssystem, dass eine eigenständige Sicherung seiner Mitglieder außerhalb der Rentenversicherung in einer der Beamtenversorgung in der Bundesrepublik vergleichbaren Weise gewährleistete. Gleiches traf auch für die Angehörigen der NVA, des MdI und der Zollverwaltung der DDR zu.

Anders als zum Zeitpunkt der Gesetzgebung nach den Urteilen des Bundesverfassungsgerichtes von 1999 sind die Einkommensverhältnisse für Angehörige im Wehrdienst des militärischen Sektors der DDR (NVA, MfS, MdI) nahezu vollständig geklärt. Die dazu vorgelegten Gutachten[3] belegen eindeutig, dass die

---

[2] Nichtannahmeentscheidung des BVerfG vom 7.11.2016, Seite 7

[3] Sozialwissenschaftliches Gutachten „Einkommensentwicklung und Einkommensstrukturen der hauptamtlichen Mitarbeiter des Ministeriums für Staatssicherheit der DDR im Vergleich zu Segmenten des so genannten X-Bereiches (NVA und MdI) und zur Volkswirtschaft" (Brandenburgisches Institut für Arbeitsmarkt- und Beschäftigtenentwicklung

Besoldungsordnungen aller Sonderversorgungssysteme der DDR nach einheitlichen Maßstäben aufgebaut waren und die bezogenen Einkommen für vergleichbare Tätigkeiten keine gravierenden Unterschiede aufwiesen. Für alle Angehörigen dieser Sonderversorgungssysteme ist übereinstimmend zutreffend, dass sie im Verlauf ihrer Dienstzeit jeweils 10 % ihres gesamten monatlichen Bruttoverdienstes – ohne eine Beitragsbemessungsgrenze – als eigene Leistung in die Rentenversicherung eingezahlt haben.

Bei weitgehender Übereinstimmung der erreichten Einkommen in den jeweiligen Diensten werden die daraus resultierenden Rentenansprüche durch den Gesetzgeber unterschiedlich behandelt. Bei der Rentenberechnung für die Angehörigen der NVA, des MdI und der Zollverwaltung der DDR gilt grundsätzlich die allgemeine Beitragsbemessungsgrenze. Demgegenüber ist bei der Rentenberechnung für die Angehörigen des MfS/AfNS der Rentenzahlbetrag auf vom Durchschnittseinkommen im Beitragsgebiet abgeleitete 1,0 Entgeltpunkte je Dienstjahr begrenzt.

---

in Kooperation mit der Fachhochschule Frankfurt/Main – Juni 2008)
Verfassungsrechtliches Gutachten von Prof. Dr. Dr. Merten: „Probleme gruppengerechter Versorgungsüberleitung. § 7 AAÜG im Lichte des Grundgesetzes", 21.06.2012, veröffentlicht in den Schriften zum Sozial- und Arbeitsrecht, Band 310, Verlag Duncker und Humblot, Berlin 2012

Die Überführung der Zusatz- und Sonderversorgungssysteme der DDR in die bundesdeutsche Rentenversicherung (sog. Systementscheidung[4]) und die damit verbundene Wirkung von Beitragsbemessungsgrenzen hat bereits dazu geführt, dass eine beamtenähnliche Altersversorgung ausgeschlossen ist und hohe oder angeblich überhöhte Einkommen trotz Beitragszahlung nicht rentenwirksam werden. Für die Bezieher der höchsten Einkommen bedeutet das Rentenkürzungen bis zu 50 % und darüber.

Für die Angehörigen des MfS (AAÜG § 7) und die nach § 6 Absatz 2 AAÜG[5] Betroffenen bedeutet die Begrenzung ihrer Rentenbezüge auf einen Entgeltpunkt je Jahr eine erhebliche Ungleichbehandlung und schwere finanzielle Einbußen gegenüber vergleichbaren Angehörigen der NVA, des MdI und der Zollverwaltung der DDR bzw. anderen DDR-Bürgern. Allerdings wird bei den von § 6 Absatz 2 AAÜG Betroffenen die Rentenkürzung auf die Zeit der Ausübung bestimmter Funktionen begrenzt, während die Rentenkürzungen für Angehörige des MfS/AfNS unabhängig von der jeweils ausgeübten Tätigkeit für die gesamte Zeit der Zugehörigkeit zum Sonderversorgungssystem gelten. Aus der pauschalen Kürzung ihrer Rentenzahlbeträge auf 1,0 Entgeltpunkte je Dienstjahr resultiert im Vergleich zu den anderen Rentnern der DDR eine weitere Rentenkürzung, die

---

[4] Bestätigt durch das BVerfG in den Urteilen vom 28.04.1999
[5] Gesetz zur Überführung der Ansprüche und Anwartschaften aus Zusatz- und Sonderversorgungssystemen des Beitrittsgebiets (Anspruchs- und Anwartschaftsüberführungsgesetz - AAÜG)

für die Jahre 1953 bis 1989 durchschnittlich 42,8% beträgt.[6] Diese pauschale Kürzung führt zu einer zusätzlichen Diskriminierung der Hoch- und Fachschulabsolventen, deren Ausbildungszeiten für die Rentenberechnung nicht anerkannt werden[7] und die selbst nach dem Fremdrentengesetz[8], also ohne jegliche Einzahlung in die deutschen Rentensysteme, bessergestellt wären. Im ihrem Beschluss vom 07.11.2016 verweisen die Richter des BVerfG auch auf die Entscheidung der ersten frei gewählten Volkskammer der DDR[9]:

„Ein weiterer, vom Bundesverfassungsgericht in der Entscheidung aus dem Jahre 1999 bereits angesprochener Unterschied ergibt sich daraus, dass schon der DDR-Gesetzgeber für das Sonderversorgungssystem des MfS/AfNS im Aufhebungsgesetz die Schließung angeordnet (§ 1 Satz 1 AufhebG) und die aus der Überführung der Versorgungsleistungen in das Rentenversicherungssystem resultierenden Renten pauschalierend auf höchstens 990 DM gekürzt hatte (§ 2 AufhebG). Hieran durfte der bundesdeutsche Gesetzgeber anknüpfen (BVerfGE 100, 138 <179>)".

Die Volkskammer der DDR wollte allerdings die Renten der Angehörigen des MfS/AfNS nicht auf die Durchschnittsrente der DDR senken. Die Begrenzung auf 990 DM (die Angehörigen der anderen Sonderversorgungssysteme wurden auf 2010 DM begrenzt),

---

[6] Verfassungsrechtliches Gutachten von Prof. Dr. Dr. Merten, Ziffer 492, Seite 187
[7] RV-Nachhaltigkeitsgesetz vom 21.04.2004
[8] Qualifikationsgruppen 1 und 2
[9] Ziffer 58 des Urteils vom 28.04.1999

die in einer emotional aufgeheizten Atmosphäre erfolgte, betrug das 1,47-fache einer Standardrente der DDR (45 Arbeitsjahre, Durchschnittsverdienst, vollständige Einzahlung in die Freiwillige Zusatzrentenversicherung), die zum gleichen Zeitpunkt nach den Angaben der Bundesversicherungsanstalt für Angestellte 672 DM betrug.[10]

Das Bundesverfassungsgericht hat in seinem Urteil vom 28.04.1999 (BVerfGE 100, 138 [192ff.]) die für die Übergangszeit bis zur Überführung der Versorgungsansprüche aus dem Sonderversorgungssystem des MfS/AfNS in die gesetzliche Rentenversicherung als Bundesrecht fortgeltende DDR-Regelung des Aufhebungsgesetzes als mit dem Grundgesetz im Einklang stehend bestätigt.

Der gesamtdeutsche Gesetzgeber missachtete den Inhalt des damit höchstrichterlich für verfassungsgemäß erachteten Übergangsrechts bei der dauerhaften Überführung. Er senkte die Ansprüche auf zunächst sogar nur 0,7 Entgeltpunkte pro Jahr.

Weder die Ergebnisse der strafrechtlichen Aufarbeitung der DDR-Vergangenheit noch das Verhalten der MfS-Mitarbeiter in den Zeiten des gesellschaftlichen Umbruches und danach bis in die Gegenwart rechtfertigen eine rentenrechtliche Sonderbehandlung dieser Personengruppe, speziell deren soziale Abstrafung mit Rentenkürzungen ohne jegliche Prüfung individueller Schuld. Selbst jene MfS-Mitarbeiter, die in hoheitliche Aufgaben der Bundesrepublik Deutschland übernommen wurden, sind von den Sanktionen nicht ausgeschlossen.

In seinem Gutachten stellte Prof. Dr. Dr. Merten fest:

---

[10] Ziffer 192 des BVerfG-Urteils vom 28.4.1999

„Die Fokussierung auf die „Stasi" als Hauptverantwortliche für das DDR-System führt jedoch zu einer MfS-Zentralisierung, die andere Verantwortliche aus dem Blickfeld geraten lässt.."[11] Kennzeichnend ist in diesem Zusammenhang, dass alle anderen Ansprüche aus Sonder- und Zusatzversorgungssystemen – darunter auch das Zusatzversorgungssystem Nr. 27 nach Anlage 1 des AAÜG „Zusatzversorgungssystem der hauptamtlichen Mitarbeiter der SED/PDS" - bis zur Beitragsbemessungsgrenze berücksichtigt werden.

Rentenkürzungen für ausgewählte Gruppen von Partei- und Staatsfunktionären der DDR wurden vor allem mit einem angeblichen Weisungsrecht gegenüber dem MfS begründet. Diese Begründung wurde vom Bundesverfassungsgericht als ungeeignet befunden.[12]

In der Vergangenheit haben sowohl Parteien und Abgeordnete des Deutschen Bundestages – auch Betroffene mit zahlreichen Petitionen - auf die gravierenden Probleme hingewiesen und Änderungen gefordert. Beispielsweise formulierte die SPD-Fraktion 1994 in einem Antrag an den Deutschen Bundestag[13], dass das Rentenüberleitungsgesetz von 1991 „zahlreiche Vorschriften enthält, die von den Betroffenen nicht zu Unrecht als Diskriminierung und als politisches „Rentenstrafrecht" empfunden werden. Es liegt im Interesse der inneren Einheit Deutschlands,

---

[11] Ebenda Ziffer 20, Seite 25
[12] Beschluss des Ersten Senats des BVerfG vom 6.7.2010 (1 BvL 9/06, 1BvL 2/08)Ziffer 69
[13] Deutscher Bundestag, 13. Wahlperiode, Drucksache 13/20 vom 10.11.1994

diese Diskriminierungen zu beseitigen." In der Bundestagsdebatte zu diesem Antrag führte der SPD-Abgeordnete Rudolf Dreßler u.a. aus:" ... Das Rentenstrafrecht, meine Damen und Herren, vergiftet auf unerträgliche Weise das Klima und schafft Unfrieden. Es gehört zu dem Nährboden, auf dem in den neuen Ländern Verdruss über die neue demokratische Ordnung wächst ... unser wichtigstes Anliegen ist die Rückkehr zu einem Grundsatz, der vor der deutschen Einheit in der alten Bundesrepublik unumstritten gegolten hat und der auch in jedem anderen zivilisierten Land gilt: der Grundsatz der strikten Trennung von Strafrecht und Sozialrecht ... jedem Mörder und jedem Dieb zahlen wir seine Rentenanwartschaften aus ... Sozialleistungen sind kein Gnadengeschenk für Wohlverhalten sondern gesicherte Rechtsansprüche."[14]

Mehrfach und nachdrücklich forderte der Wirtschafts- und Sozialrat der Vereinten Nationen, zuletzt 2011 in seinen abschließenden Bemerkungen zum Staatenbericht Deutschlands[15] **„umgehende und wirksame Maßnahmen zu treffen, um jede weitere Diskriminierung in der Höhe von Leistungen der sozialen Sicherheit zwischen den östlichen und westlichen Bundesländern zu verhindern und Fälle, in**

---

[14] Plenarprotokoll der 15. Sitzung des Deutschen Bundestages (13. Wahlperiode), Seite 959 ff.

[15] Ausschuss für wirtschaftliche, soziale und kulturelle Rechte, Sechsundvierzigste Tagung, Genf, 2.-20. Mai 2011 (Befassung mit Staatenberichten nach den Artikeln 16 und 17 des Paktes)

denen eine solche Diskriminierung besteht, zu lösen."[16] Dabei hatte sich der Wirtschafts- und Sozialrat ausdrücklich auch auf das Urteil des Bundesverfassungsgerichtes vom Juli 2010 zu den Versorgungsansprüchen ehemaliger Minister und Stellvertretender Minister der DDR bezogen. Bedauerlicherweise blieb das bisher sowohl durch die Bundesregierung als auch durch den Deutschen Bundestag unberücksichtigt.

Betroffene haben – unterstützt von ISOR e.V. – seit 1991 mit zahlreichen Klagen vor Sozialgerichten und mehrfachen Verfassungsbeschwerden, teilweise mit Erfolg, immer wieder Gerechtigkeit eingefordert.

Die von Mitgliedern der ISOR e.V. 2012 eingereichten Verfassungsbeschwerden zu den §§ 7 bzw. 6 (2) des AAÜG wurden seitens des Bundesverfassungsgerichtes am 7.11.2016 und 9.11.2017 nicht zur Verhandlung angenommen. [17]

Im Beschluss vom 07.11.2016 zitieren die Verfassungsrichter aus ihrem Urteil vom 28. April 1999:
„...dass es dem Gesetzgeber - selbstverständlich - freisteht, eine für die Grundrechtsinhaber vorteilhaftere Regelung zu treffen, dies aber eine Frage seiner politischen Entscheidung, nicht einer verfassungsrechtlichen Verpflichtung ist"[18].

Nach der Auffassung des Bundesverfassungsgerichtes liegt jetzt also die Verantwortung beim Gesetzgeber. Die berechtigten Interessen der früheren Mitar-

---

[16] Ziffer 22 der Abschließenden Bemerkungen
[17] Pressemitteilungen 99/2016 vom 26.12.2016 und 110/2017 vom 13.12.2017
[18] Ziffer 58

beiter des MfS/AfNS wurden nicht entschieden, sondern zwischen dem Gesetzgeber und dem Bundesverfassungsgericht hin- und hergeschoben.

Im genannten Beschluss vom 07.11.2016 verweisen die Richter auf das Gesetzgebungsverfahren von 2001 zur Umsetzung des Urteils des BVerfG[19]. Dort heißt es[20]: **"Zur Vermeidung erneuter ideologisch geführter Diskussionen geht der Gesetzgeber grundsätzlich nicht über die Vorgaben des Bundesverfassungsgerichts hinaus"**.

Hier stellen wir an den Gesetzgeber die Frage, ob er die Wertneutralität im Rentenrecht anerkennt oder ob es um die Ideologie zur Delegitimierung der DDR geht. Der Gesetzgeber versteckte sich bisher hinter dem Bundesverfassungsgericht und nahm seine Verantwortung zur Beseitigung des Rentenunrechtes mittels Rechtssetzung nicht wahr.

Dieses Verstecken hinter dem Bundesverfassungsgericht wurde auch bei der Bearbeitung einer ISOR-Petition vom 29.01.2010[21] mit 73.573 Unterschriften deutlich. Mit dem Hinweis auf anliegende Verfassungsbeschwerden wies der Petitionsausschuss des Deutschen Bundestages diese Petition ab.

Wir fordern vom Gesetzgeber die Einhaltung der Wertneutralität im Rentenrecht und die Beendigung der politisch motivierten Entgeltbeschränkungen durch die Streichung der §§ 6 Absatz 2 und 7 des AAÜG und die Anerkennung des Einkommens bis zur Beitragsbemessungsgrenze wie für alle anderen DDR - Bürger. Nach nunmehr 28 Jahren seit der Wie-

---

[19] Bundestag-Drucksache Nr. 14/5640
[20] Ebenda Seite 13
[21] Petition 3-17-11-8228-003838

dervereinigung erwarten wir zumindest, dass der Gesetzgeber seine Verantwortung wahrnimmt, bestehende Ungerechtigkeiten abzumildern und dabei wenigstens zu den Maßstäben der Volkskammer der DDR zurückfindet.

Der 30. Jahrestag der Vereinigung beider deutscher Staaten wäre ein würdiger Anlass dafür alle Gerechtigkeitslücken bei der Überleitung der DDR-Renten in bundesdeutsches Recht politisch im Sinne der Betroffenen zu lösen. Zur Entscheidungsfindung fügen wir Ihnen die thesenhafte Zusammenfassung des verfassungsrechtlichen Gutachtens von Prof. Dr. Dr. Merten[22] zum § 7 AAÜG, als Anlage bei. Über Ihre Position in diesen Fragen bzw. die von Ihnen geplanten oder veranlassten Maßnahmen bitten wir um eine Information, die wir unseren Vereinsmitgliedern übermitteln werden. Der Vorstand von ISOR e.V. ist bereit, an vorgesehenen Lösungen konstruktiv mitzuarbeiten.

Mit vorzüglicher Hochachtung

Horst Parton
Vorsitzender

<u>Anlagen:</u>
- Erklärung ostdeutscher Verbände und Vereine
- Thesenhafte Zusammenfassung des Gutachtens von Prof. Dr. Dr. Merten

---

[22] Veröffentlicht in den „Schriften zum Sozial- und Arbeitsrecht", Band 310 (Verlag Duncker & Humblot Berlin 2012)

Erklärung ostdeutscher Vereine und Verbände zur Nichtannahme von Verfassungsbeschwerden zum § 6 sowie § 7 AAÜG

Am 13.12.2017 veröffentlichte das Bundesverfassungsgericht (BVerfG) eine Pressemitteilung, in der die Nichtannahme von Verfassungsbeschwerden verkündet wurde. In den Begründungen der Nichtannahme wird die vom DDR-Durchschnittseinkommen abgeleitete Rentenkürzung für neun Personengruppen entsprechend § 6 (2) des Gesetzes zur Überführung der Ansprüche und Anwartschaften aus Zusatz- und Sonderversorgungssystemen des Beitrittsgebietes (Anspruchs- und Anwartschaftsüberführungsgesetz - AAÜG) als verfassungsgemäß bezeichnet.

Dem Gesetzgeber komme bei der notwendigen Neuordnung sozialrechtlicher Rechtsverhältnisse im Zusammenhang mit der Wiedervereinigung ein besonders großer Gestaltungsspielraum zu. Er habe zu berücksichtigen, dass Empfänger von Zusatz- und Sonderversorgungen grundsätzlich weniger schutzbedürftig seien als sonstige Rentner. Er müsse bei der Begrenzung der überführten Entgelte nicht zwingend an der allgemeinen Beitragsbemessungsgrenze haltmachen, da ungerechtfertigte Privilegien auch im normalen Streubereich der Gehälter unterhalb dieser Grenze vorkommen können. Weiterhin sei zu bejahen, dass der im § 6 (2) AAÜG erfasste Personenkreis „Förderer" des Systems der DDR war und durch seine besondere Stellung zur Aufrechterhaltung des Staats- und Gesellschaftssystems der DDR beigetragen hätte. Die Anknüpfung an „eng begrenzte Führungspositionen des Staatsapparates der DDR" werde als allein ausreichende Rechtfertigung für die Entgeltbegrenzung angesehen.

Mit dem Verweis auf die Forderung des Einigungsvertrages nach Abschaffung ungerechtfertigter und Abbau überhöhter Leistungen und die Weiterführung von Differenzierungen der letzten Volkskammer der DDR wird zusätzlich der Anschein von Rechtmäßigkeit erweckt. Es ist jedoch mittlerweile belegt, dass die von westdeutschen Politikern erdachten Rentenkürzungen keineswegs dem Willen der letzten Volkskammer der DDR entsprachen. Danach wären z.B. selbst den Angehörigen des MfS 1,47 Entgeltpunkte zugestanden worden. Ausdrücklich gesteht das BVerfG ein, dass den gesetzgeberischen Entscheidungen zur Rentenhöhe keine tatsächlichen Erhebungen zu Lohn- und Gehaltsstrukturen zugrunde liegen. Auch wird eingeräumt, dass sich der Gesetzgeber in einem höchst komplexen und unübersichtlichen Regelungsbereich bewege, in dem Härten nur unter großen Schwierigkeiten vermeidbar seien.

Wie schon Ende 2016, als das BVerfG Verfassungsbeschwerden gegen die Rentenkürzungen für ehemalige MfS-Mitarbeiter nach § 7 AAÜG nicht zur Verhandlung annahm, sind die erneut nicht angenommenen Verfassungsbeschwerden ein Beleg für die weitere Aushöhlung der Rechtsstaatlichkeit in Deutschland. Rechtsstaatliche Grundsätze, wie die Achtung der Menschenwürde, das Gleichheitsgebot, der Schutz des persönlichen Eigentums (auch bei durch persönliche Beitragszahlungen erworbenen Rentenansprüchen), die Verhältnismäßigkeit, der Vertrauensschutz, die Prüfung der individuellen Verantwortung u. a. werden erneut mit Füßen getreten.

Unverhohlen wird für rechtens anerkannt, Personen wegen ihrer Tätigkeit in und für die DDR mit Strafrenten zu belegen. Das ist politisch motivierte Willkür! Selbst verurteilten Mördern werden erworbene Rentenansprüche nicht gekürzt, ausländischen SS-Schergen sogar Zusatzrenten gewährt.

Den von der Rentenstrafe Betroffenen, wird u.a. zum Vorwurf gemacht, die sozialistische Staats- und Gesellschaftsordnung, das sozialistische Eigentum und die Volkswirtschaft, die gesetzlich garantierten Rechte und Interessen der Bürger geschützt, gewahrt und durchgesetzt und das sozialistische Staats- und Rechtsbewusstsein der Bürger gefestigt zu haben sowie auf ihre gesellschaftliche Aktivität, Wachsamkeit und Unduldsamkeit gegen jede Rechtsverletzung und deren Vorbeugung Einfluss genommen zu haben.

Dem Grundgesetz nach sind alle Menschen vor dem Gesetz gleich und zwar auch unabhängig von ihrer Herkunft und ihren politischen Anschauungen. Für ehemalige DDR-Bürger gilt das offenbar nicht. Dabei ging es bei den vorgebrachten Verfassungsbeschwerden um keine privilegierte Altersversorgung, wie irreführende Pressemeldungen glauben machen wollen, sondern um Gleichbehandlung mit allen anderen DDR-Bürgern, um Rentenzahlungen nach eingezahlten Beiträgen bis zur Beitragsbemessungsgrenze.

Seit der Wiederherstellung der staatlichen Einheit Deutschlands sind mehr als 27 Jahre vergangen. Das scheint eine ausreichende Zeit zu sein, um die Abrechnung mit der DDR und den Kalten Krieg endlich zu beenden und von Rachsucht und Hass geprägte Entscheidungen zu korrigieren. Es ist höchste Zeit, zu einer Politik des Ausgleichs und der Vernunft zurückzukehren, wie sie schon vor

mehr als 60 Jahren in einem Memorandum der Bundesregierung zur Frage der Wiederherstellung der Deutschen Einheit formuliert wurde, das am 7. September 1956 durch die Botschafter der Bundesrepublik in Moskau, Washington, Paris und London übergeben wurde. Darin heißt es u.a.:
„**Die Bundesregierung ist der Überzeugung, dass freie Wahlen in ganz Deutschland, wie sie auch immer ausfallen mögen, nur den Sinn haben dürfen, das ganze deutsche Volk zu einen und nicht zu entzweien. Die Errichtung eines neuen Regierungssystems darf daher in keinem Teil Deutschlands zu einer politischen Verfolgung der Anhänger des anderen führen. Aus diesem Grund sollte nach Auffassung der Bundesregierung dafür Sorge getragen werden, dass niemand wegen seiner politischen Gesinnung oder nur weil er in Behörden oder politischen Organisationen eines Teils Deutschlands tätig gewesen ist, verfolgt wird.**"

Auch 27 Jahre nach dem Anschluss der DDR an die BRD bestimmen Hass und Hetze den Umgang mit Personen, die Kunst, Kultur, Bildung, Sport, Wissenschaft, Politik, Friedenserhalt, Justiz und Sicherheit der DDR repräsentieren. Ihre Lebensleistung, wie auch die aller engagierten DDR-Bürger, wird weiter diffamiert.

Besonders die Angehörigen aller bewaffneten Kräfte der DDR haben in der Zeit des Kalten Krieges sowie in der Zeit des politischen Umbruchs 1989 einen wichtigen Beitrag geleistet, damit Waffen nicht zum Einsatz kamen und ein neuer Weltkrieg verhindert wurde. Unsere Menschenwürde gebietet, den Kampf für eine gerechte Bewertung unserer Lebensleistung, gegen Ausgrenzung und Diskriminierung fortzusetzen.

Unsere Organisationen und Vereine, Initiativen und Verbände verfügen über das notwendige politische Gewicht, um sich Gehör zu verschaffen. Ihr Erhalt und ihre Festigung sind notwendig angesichts wachsender Kriegsgefahr, bei der selbst ein Atomkrieg nicht mehr ausgeschlossen werden kann angesichts des Vormarsches faschistoider Kräfte in Deutschland und in Europa, des wachsenden Einflusses neoliberaler Kräfte und der weiteren Vertiefung sozialer Verwerfungen. Darüber hinaus stehen wir als kompetente Zeitzeugen in der Verantwortung, gegen Lügen und Verleumdungen zur Verteidigung der historischen Wahrheit über die DDR beizutragen. Wir werden solange um die sozialen und demokratischen Rechte kämpfen, bis der soziale Frieden in unserem Land hergestellt ist. Der Drang zur weiteren Erhöhung der Rüstungsausgaben sowie die Eskalation der Kriegshysterie behindern zugleich die Lösung sozialer Fragen. Deshalb unterstützen wir vorbehaltlos alle Initiativen für Frieden und Abrüstung.
Denken wir immer an die mahnenden Worte von Bertolt Brecht:
„Wenn Unrecht zu Recht wird, wird Widerstand zur Pflicht!"
Wir fordern:
- Statt deutlicher Erhöhung der Rüstungsausgaben eine verstärkte Friedenspolitik nach dem Motto „Frieden schaffen ohne Waffen". Alle friedliebenden Kräfte rufen wir dazu auf, alles zu tun, damit der gemeinsame Schwur der Deutschen und der Siegermächte nach der bedingungslosen Kapitulation von Nazi-Deutschland Wirklichkeit bleibt. Nie

wieder darf der Faschismus in Deutschland sein Haupt erheben;
- alles ist zu tun, dass faschistische Parteien verboten werden und solche mit faschistoiden Programmen keinen Zulauf erhalten;
- den Einsatz freiwerdender Mittel aus der Abrüstung und dem „Nicht-Hochrüsten" für die Beseitigung aller sozialen Benachteiligungen und Ungerechtigkeiten zu verwenden, darunter auch zur Beendigung der rentenrechtlichen Willkür des Missbrauchs des Rentenrechts als Strafrecht, wie es in der deutschen Geschichte nur in Nazi-Deutschland praktiziert wurde;
- dass die Bundesrepublik endlich die von der UNO kritisierte Diskriminierung Ostdeutscher beendet und mit der Ratifizierung des Fakultativprotokolls zum Sozialpakt individuelle Beschwerden in sozialen Fragen bei der UNO ermöglicht.

Präsident des Ostdeutschen Kuratoriums von Verbänden (OKV)

(Matthias Werner)

Vorsitzender der Initiativgemeinschaft zum Schutz sozialer Rechte ehemaliger Angehöriger der bewaffneten Organe und der Zollverwaltung der DDR (ISOR e.V.)

(Horst Parton)

Vorsitzender der Gesellschaft für rechtliche und humanitäre Unterstützung (GRH e.V.)

(Hans Bauer)

Bundesvorsitzende der Gesellschaft für Bürgerrecht und Menschenwürde (GBM e.V.)

(Helga Hörning)

Vorsitzender des Verbandes zur Pflege der Traditionen der NVA und der Grenztruppen der DDR (VT NVA GT)

(Manfred Graetz)

Vorsitzender des Bündnisses für Soziale Gerechtigkeit und Menschenwürde (BÜSGM e.V)

(Gert Julius)

Berlin, den 24. Januar 2018

Auszug
Aus dem Gutachten von Prof. Dr. Dr. Merten „Probleme gruppengerechter Versorgungsüberleitung" § 7 AAÜG im Lichte des Grundgesetzes

(Veröffentlicht in den Schriften zum Sozial- und Arbeitsrecht, Band 310, Verlag Duncker & Humblot Berlin, 2012)

A. Zu RN 1 – 245

1 1. In der DDR bestand eine umfassende Sozialpflichtversicherung mit einer Beitragsbemessungsgrenze von 600 M monatlich. Die geringen Renten wurden nach der Wiedervereinigung um mehr als das Zweieinhalbfache aufgebessert. Für Bezieher von Einkommen oberhalb der Beitragsbemessungsgrenze bestand zusätzlich eine Freiwillige Zusatzrentenversicherung. Eine Reihe von Zusatzversorgungssystemen bezweckten, den Berechtigten in der Regel 90 v.H. des Nettolohns als Rente zu sichern.

2 2. Sonderversorgungssysteme stellten eine eigenständige Sicherung für Staatsbedienstete außerhalb der Sozialversicherung dar. Der Beitragssatz betrug 10 v.H. der Bezüge (ohne Beitragsbemessungsgrenze). Die Rente machte grundsätzlich bis zu 90 v.H. der jeweiligen Nettobesoldung vor dem Ausscheiden aus dem Dienstverhältnis aus. Die Sonderversorgungssysteme stellten eine Versorgung eigener Art dar und können mit der Beamtenversorgung in den alten Bundesländern verglichen werden.

3   3. Durch ein Aufhebungsgesetz der Volkskammer vom Juni 1990 wurden die bestehenden Versorgungen „mit dem Ziel der Anpassung an das Niveau im zivilen Bereich" in die Rentenversicherung überführt und „vorläufig" nur in gekürzter Höhe gezahlt. Zur Begründung wurde seitens der Regierung ausgeführt, die ehemaligen Mitarbeiter des MfS seien „für das Leid und die Schäden mitverantwortlich, unabhängig davon, ob sie sich strafbarer Handlungen schuldig gemacht haben oder nicht". „Stasi" war zwar einer der Kampfbegriffe der revolutionären Umbruchbewegung geworden, die eigentliche Erbkrankheit der sozialistischen Gesellschaft war jedoch der diktatorische Zentralismus (*de Maizière*); die Suprematie der SED bildete den Kern des politischen Systems der DDR. Das BVerfG hat es abgelehnt, einen außerhalb nachweisbarer Straftatbestände liegenden „zusätzlichen Stasi-Unwert" anzuerkennen.

4   4. Sowohl im Staatsvertrag als auch im Einigungsvertrag war man übereingekommen, die Versorgungssysteme zu schließen und erworbene Ansprüche und Anwartschaften in die Rentenversicherung zu überführen, „wobei ungerechtfertigte Leistungen abzuschaffen und überhöhte Leistungen abzubauen sind sowie eine Besserstellung gegenüber vergleichbaren Ansprüchen und Anwartschaften aus anderen Versorgungssystemen nicht erfolgen darf". Darüber hinaus war im Einigungsvertrag festgelegt, Ansprüche und Anwartschaften zu kürzen oder abzuerkennen, „wenn der Berechtigte ... gegen die Grundsätze der Menschlichkeit oder Rechtsstaatlichkeit verstoßen oder in schwerwiegendem Maße seine Stellung zum eigenen Vorteil oder zum Nachteil anderer mißbraucht hat". Letztere Vorschrift stellt eine individual-, keine kollektiv-bezogene Sanktion dar. Dies folgt auch aus dem im Rechtsstaatsprinzip und in der

Menschenwürde-Garantie verankerten Schuldgrundsatz, der auch für strafähnliche Sanktionen gilt. Gerade für den Bereich des MfS hat das BVerfG darauf hingewiesen, dass „die – unbestreitbare Unterdrückung der Bevölkerung durch das MfS ... nicht den Nachweis individueller Schuld" ersetzt.

5. Rentenkürzungen oder -aberkennungen widersprechen dem Grundsatz der Wertneutralität des deutschen Sozialversicherungsrechts, so dass selbst strafgerichtlich verurteilte Schwerstkriminelle keine rentenrechtlichen Nachteile erleiden. Dieser Grundsatz wurde nur im „Dritten Reich" und während der Besatzungsherrschaft nach dem Zusammenbruch durchbrochen. Die im Rahmen der Rentenüberleitung vertretene These, man könne den „Opfern" nicht zumuten, dass die „Täter" eine höhere Rente als sie erhielten, verkennt die Funktion des Sozialversicherungsrechts. Durchbrechungen des Sozialversicherungssystems können den Gleichheitssatz verletzen, wenn die Intensität der Ausnahmeregelung nicht durch das Gewicht der die Abweichung rechtfertigenden Gründe entspricht.

6. Da die Regelung im Einigungsvertrag über die Kürzung und Aberkennung von Renten bei schuldhaften Verstößen gegen die Grundsätze der Menschlichkeit oder der Rechtsstaatlichkeit letztlich an die beamtenähnliche Funktion der Betroffenen anknüpft und die Überleitung der Versorgungsansprüche in das Recht der gesetzlichen Rentenversicherung sich als Versorgungsabwicklung darstellt, ist hinsichtlich dieser Regelung eine gegen den Gleichheitssatz verstoßende Systemdurchbrechung zu verneinen, zumal auch das Ausführungsgesetz zu Art. 131 GG eine ähnliche Bestimmung enthalten hatte.

7. In Ausführung des Einigungsvertrags enthält das

Renten-Überleitungsgesetz (RÜG) vom Juli 1991 in seinem Artikel 3 das Anspruchs- und Anwartschaftsüberführungsgesetz (AAÜG). Die Höhe der Rente aus den Versorgungssystemen soll sich nach der Überführung grundsätzlich nach der Dauer der Erwerbstätigkeit und dem tatsächlich erzielten Arbeitsentgelt bestimmen. Dabei legt der Gesetzgeber in Abweichung vom Einigungsvertrag statt der individuellen Beitragsleistung das jeweilige Arbeitsentgelt zugrunde. In nicht zwingend erforderlicher Weise wird die im westdeutschen Rentenversicherungsrecht maßgebliche Beitragsbemessungsgrenze nachträglich auf die überzuleitenden Versorgungsansprüche und -anwartschaften als „Systementscheidung" übertragen. Dadurch stehen den in der DDR für das Arbeitseinkommen in voller Höhe entrichteten Beiträge keine äquivalenten Gegenleistungen gegenüber. Die Beitragsbemessungsgrenze, die das westdeutsche Rentenversicherungssystem als Teil-Altersversorgung in einem „Drei-Säulen-Konzept" ausweist und die sie übersteigenden Einkünfte „von staatlicher Vorsorgeplanung" freihält, passt jedoch nicht zu einem beamtenähnlichen Versorgungssystem, das wie die westdeutsche Beamtenversorgung als Vollversorgung ausgestaltet ist.

8 8. Insgesamt hat die „Systementscheidung" dazu geführt, dass Angehörige der Sonderversorgungssysteme mit höheren, d.h. die Beitragsbemessungsgrenze der gesetzlichen Rentenversicherung übersteigenden Einkünften erhebliche Einbußen hinnehmen mussten. Diese resultieren ferner daraus, dass als Berechnungsgrundlage an die Stelle der Nettobesoldung vor dem Ausscheiden aus dem Dienstverhältnis das für die Rentenberechnung maßgebliche durchschnittliche Lebens-Einkommen tritt und die Versorgungshöhe

von 90 v.H. der Nettobesoldung durch das Rentenniveau der gesetzlichen Rentenversicherung ersetzt wird, das im Falle eines Standardrentners 1990 55 v.H. des durchschnittlichen Jahresarbeitsentgelts betrug.

9 9. Neben Regelungen für „staatsnahe" Versorgungssysteme und „staatsnahe" Tätigkeiten enthielt das AAÜG in seinem § 7 Abs. 1 Satz 1 eine Sonderregelung für das Versorgungssystem des MfS/AfNS. Für diese Versorgungsberechtigten wurde das maßgebende Arbeitsentgelt oder Arbeitseinkommen höchstens bis zu dem jeweiligen Betrag der Anlage 6 zugrunde gelegt, also nur bis zu 70 v.H. des Durchschnittsentgelts berücksichtigt. Ferner bestimmte § 7 Abs. 1 Satz 3 AAÜG (i.d.F. des Art. 1 RÜG-ÄndG), dass die rentenversicherungsrechtlichen Vorschriften über Mindestentgelte bei geringem Arbeitsentgelt nicht anzuwenden waren. Das hatte zur Folge, dass die Betroffenen nicht in den Genuss einer rentenrechtlichen Höherbewertung im Rahmen der Rente nach Mindesteinkommen kamen. Auf diese Weise konnte die Rente sogar unter das Sozialhilfeniveau absinken.

10 10. Damit hat der Diskriminierungswille vieler am Gesetzgebungsverfahren Beteiligter im Text einen Niederschlag gefunden und kann deshalb bei der Interpretation berücksichtigt werden (BVerfGE 61, 1 [45]). Charakteristisch hierfür ist die in den Gesetzesberatungen geäußerte Befürchtung des damaligen Bundessozialministers Dr. *Blüm*, dass „die Gequälten möglicherweise niedrigere Renten erhalten [würden] als die Quäler". Auch der Bericht des zuständigen Ausschusses für Arbeit und Sozialordnung zeigt, dass bei den Gesetzesberatungen die Wertfreiheit des Sozialversicherungsrechts einerseits und eine

Vermischung von Strafrecht und Sozialrecht andererseits eine bedeutsame Rolle gespielt hat.

11 11. Das BVerfG hatte in drei grundlegenden Entscheidungen im Jahre 1999 Entgeltbegrenzungs- und Zahlbetragsbegrenzungsregelungen des AAÜG für mit Art. 3 Abs. 1 und Art. 14 GG unvereinbar bzw. für nichtig erklärt. Im Einzelnen hat es in E 100, 138 § 7 Abs. 1 Satz 1 (i.V.m. Anl. 6) AAÜG insoweit für nichtig erklärt, als das für die Rentenberechnung zugrunde zu legende Arbeitsentgelt unter das jeweilige Durchschnittsentgelt im Beitrittsgebiet abgesenkt wird. Zwar habe der Gesetzgeber für die Personengruppe des § 7 AAÜG die Arbeitsentgelte in typisierender Weise begrenzen dürfen; die Bejahung eines überhöhten Entgelts wegen politischer Begünstigung bei Überschreiten der Grenze von 70 v.H. des Durchschnittsentgelts werde jedoch „dem Wert der in den unterschiedlichsten Berufen und Positionen verrichteten Arbeit" nicht gerecht. Die Eigentumsgarantie gebiete eine Rentenzahlung, die „den Zweck einer bedürftigkeitsunabhängigen Sicherung nach einem vollen Versicherungsleben erfüllt", was Leistungskürzungen ausschließe, die das jeweilige Durchschnittsentgelt unterschreiten.

12 12. Nachdem der Gesetzgeber durch das 2. AAÜG-ÄndG den Vorgaben des Bundesverfassungsgerichts insbesondere durch die Neufassung der Anl. 6 AAÜG Rechnung getragen hatte, nahm das BVerfG im Jahre 2004 in einer Kammer-Entscheidung (K 3, 270) eine Verfassungsbeschwerde gegen § 7 AAÜG nicht zur Entscheidung an, insbesondere weil die vorgelegten Gutachten nicht beanspruchten, eine umfassende, auf der Grundlage neuerer Erkenntnisse erarbeitete Analyse des Besoldungs-

und Versorgungssystems im Bereich des MfS/AfNS zu enthalten. Die Kammer wies allerdings darauf hin, dass eine erneute verfassungsrechtliche Überprüfung der angegriffenen Vorschrift zulässig sei, „sofern neue rechtserhebliche Tatsachen gegen die tragenden Feststellungen des Verfassungsgerichts vorliegen, die andere Entscheidungen rechtfertigen können". Eine Bindungswirkung im Sinne des § 31 Abs. 1 BVerfGG kommt ablehnenden Kammer-Entscheidungen nicht zu.

13. Nach einem Beschluss des BVerfG (E 111, 115), der § 6 Abs. 2 und Abs. 3 Nr. 8 AAÜG für unvereinbar mit Art. 3 Abs. 1 GG erklärt und den Gesetzgeber zum Erlass einer verfassungsgemäßen Regelung verpflichtet hatte, wurde ein 1. Gesetz zur Änderung des AAÜG vom 21.6.2005 erlassen. Es lockert die bisherigen Kürzungsregelungen insbesondere für Angehörige der Versorgungssysteme nach Anl. 2 Nr. 1 bis 3 AAÜG dadurch, dass infolge einer Neufassung des § 6 Abs. 2 Entgelte nur dann auf den Durchschnittsverdienst begrenzt werden, wenn eine in Nr. 1 bis Nr. 9 aufgeführte Beschäftigung oder Tätigkeit (z.B. als Mitglied, Kandidat oder Staatssekretär im Politbüro der SED usw.) ausgeübt wurde.

14. Durch einen Beschluss aus dem Jahre 2010 hat das BVerfG (E 126, 233) § 6 Abs. 2 Nr. 4 AAÜG n.F. als verfassungskonform angesehen, weil der Gesetzgeber hinsichtlich dieses eng gefassten Personenkreises bei generalisierender Betrachtungsweise von leistungsfremden, politisch begründeten und damit überhöhten Arbeitsverdiensten ausgehen durfte, während bei einer Regelungserstreckung auf einen großen Personenkreis die Gefahr bestehe, „auch Personen

zu erfassen, deren höhere Leistungen gerechtfertigt sind" (aaO. S. 266 f.). Da die vom Gericht festgestellte Grundgesetzkonformität sich ausdrücklich nur auf § 6 Abs. 2, 4 AAÜG n.F. bezieht, können die vom Gericht bei Gelegenheit dieser Entscheidung gemachten Ausführungen zu § 7 AAÜG als nicht tragende Entscheidungsgründe weder für die Auslegung des Entscheidungstenors noch für eine Bindungswirkung herangezogen werden.

B. Zu RN 246–423

15 15. Art. 1 Abs. 3 GG bindet den Gesetzgeber an die Grundrechtsbestimmungen „als unmittelbar geltendes Recht", wobei sich allerdings das Ausmaß der Bindung erst aus der Ermittlung des Schutzbereichs der Einzelgrundrechte ergibt. Dies gilt in besonderem Maße für den abstrakt gefassten allgemeinen Gleichheitssatz des Art. 3 Abs. 1 GG, der nicht nur personale, sondern auch materiale Gleichheit verbürgt, weshalb das Gesetz sich nicht nur an alle wendet, sondern auch für alle gleiches Recht gilt. Daraus folgt ein Differenzierungsgebot, so dass „wesentlich Gleiches ungleich", aber auch „Ungleiches seiner Eigenart entsprechend verschieden" zu behandeln ist. Der Gleichheitssatz als Willkürverbot und Sachgerechtigkeitsgebot soll vor allem unsachgerechte, unvernünftige oder unverständliche Regelungen bannen.

16 16. Hinsichtlich der Gruppengleichheit und Gruppengerechtigkeit konkretisiert das BVerfG Art. 3 Abs. 1 GG in ständiger Rechtsprechung und einer „neuen Formel" dahin, dass eine Verletzung des

Art. 3 Abs. 1 GG vorliegt, „wenn eine Gruppe von Normadressaten im Vergleich zu anderen Normadressaten anders behandelt wird, obwohl zwischen beiden Gruppen keine Unterschiede von solcher Art und solchem Gewicht bestehen, dass sie die ungleiche Behandlung rechtfertigen können", so dass der Gesetzgeber bei einer Ungleichheit von Personengruppen „regelmäßig einer strengen Bindung" unterliegt und er weder einem Personenkreis eine Begünstigung gewähren darf, die er einem anderen Personenkreis vorenthält, noch Gruppen, die durch „übereinstimmende Eigenschaften oder Merkmale geprägt und gekennzeichnet" sind, unterschiedlich behandeln darf.

17   17. In Sondersituationen wie z.B. der Herstellung der Rechtseinheit in der gesetzlichen Rentenversicherung und der Überführung der im Beitrittsgebiet erworbenen Ansprüche und Anwartschaften anlässlich der Wiedervereinigung hat das BVerfG dem Gesetzgeber zwar einen weiten Gestaltungsraum eingeräumt, diesen jedoch ausweislich seiner Rechtsprechung auf Übergangsregelungen beschränkt, so dass für auf Dauer berechnete Gesetzesbestimmungen kein Hinweis auf die Ausnahmesituation zugelassen wurde.

18   18. Bei gewichtigen Unterschieden zwischen Personengruppen darf der Gesetzgeber zwar differenzieren, wobei er jedoch einer „strengen Bindung an die Verhältnismäßigkeitserfordernisse" unterliegt, so dass Eingriffsziel und Eingriffsmittel verfassungslegitim sein müssen, das Eingriffsmittel den Geboten der Geeignetheit und Erforderlichkeit unterliegt und ein angemessenes Verhältnis von Ungleichbehandlung und Rechtfertigungsgrund bestehen

muss.

19 19. Bei der Regelung von Massenvorgängen (insb. im Steuer- oder Sozialrecht) darf der Gesetzgeber pauschalierende, typisierende und generalisierende Normen erlassen, wobei er jedoch weder „einen atypischen Fall als Leitbild wählen" noch übermäßig typisieren darf, so dass er den Geboten der mildesten und einer proportionalen Typisierung unterliegt. Die mit einer Typisierung unvermeidlich verbundenen Härten sind nur dann als gleichheitskonform anzusehen, wenn lediglich „eine verhältnismäßig kleine Zahl von Personen" betroffen ist, der Verstoß gegen den Gleichheitssatz „nicht sehr intensiv" ist und die „Härten nur unter Schwierigkeiten vermeidbar wären". Im Anfangsstadium darf sich der Gesetzgeber mit gröberen Typisierungen und Generalisierungen im Interesse der Praktikabilität begnügen, jedoch eine spätere Überprüfung und fortschreitende Differenzierung bei Vorliegen ausreichenden Erfahrungsmaterials für eine sachgerechtere Lösung nicht unterlassen.

20 20. Bei der Versorgungsüberleitung hatte der Gesetzgeber zu berücksichtigen, dass sich die Rechtsordnung der DDR von derjenigen der Bundesrepublik in Leitvorstellungen und Ausformungen grundlegend unterschied (BVerfGE 95, 267 [307]). Wenn sich auch aufgrund der Wiedervereinigung die Hoheitsgewalt der Bundesrepublik auf das Beitrittsgebiet erstreckte, so waren doch Ausprägungen des sozialistischen Rechtssystems der DDR anzuerkennen, sofern sie nicht Ausdruck des besonderen Unrechtsgehalts der früheren Ordnung waren. Geheimdienste und Ministerien für staatliche Sicherheit sind nicht als solche mit einem besonderen Unrechtsgehalt

versehen. Das Bundesverfassungsgericht verneint ausdrücklich einen „zusätzlichen ‚Stasi-Unwert' der DDR-Spionage".

21 21. Wegen unterschiedlicher staatlicher Systeme hatten daher auch ziviler und militärischer Sektor in der DDR einerseits und in der Bundesrepublik andererseits eine unterschiedliche Bedeutung. So überstieg das Einkommen im sogenannten X-Bereich (Armee, Polizei, Staatssicherheit, Parteien und Organisationen etc.) das Durchschnittseinkommen in der Volkswirtschaft der DDR um knapp 60 v.H., wobei ungeachtet der Problematik von Pauschalvergleichen zu berücksichtigen ist, dass sich unter den Beschäftigten des MfS ein höherer Anteil an Hoch- und Fachhochschulabsolventen befand. Darüber hinaus ist das Durchschnittseinkommen im zivilen Sektor der DDR mit dem Durchschnittseinkommen im X-Bereich (oder im Bereich des MfS) deshalb nicht vergleichbar, weil zwischen den beiden Sachbereichen gewichtige strukturelle Unterschiede bestanden, wie sie auch in der Bundesrepublik zwischen der Beamtenversorgung einerseits und der gesetzlichen Rentenversicherung andererseits gegeben ist. Unterschiede „im Versorgungsniveau zwischen Berechtigten aus Zusatz- und Sonderversorgungssystemen einerseits und Angehörigen der Sozialpflichtversicherung und der Freiwilligen Zusatzrentenversicherung andererseits" sollten jedoch durch den Einigungsvertrag „aufrechterhalten" und nicht „eingeebnet werden" (BVerfGE 100, 1 [47]), wie auch der Vertrag ausdrücklich nur eine Besserstellung der Versorgungsberechtigten „gegenüber vergleichbaren Ansprüchen und Anwartschaften

aus anderen öffentlichen Versorgungssystemen" verhindern will (Anl. II Kap. VIII Sachgeb. H Abschn. III Nr. 9 lit. b Ziff. 1 EV).

22. 22. Im Hinblick auf die vom Gleichheitssatz geforderte Gruppengerechtigkeit ist die unterschiedliche Behandlung von Personengruppen, die den Sonderversorgungssystemen nach Anl. Nr. 1 und Nr. 2 AAÜG (Angehörige der Nationalen Volksarmee und der Deutschen Volkspolizei etc.) im Vergleich zu der Personengruppe, die Anl. 2 Nr. 4 AAÜG (Angehörige des MfS) unterfallen, verfassungswidrig. Vergleicht man die erzielten Durchschnittseinkommen der Angehörigen des MfS mit dem Einkommen der Mitarbeiter in anderen Bereichen des militärischen Beschäftigungssektors der DDR, so zeigt sich (hinsichtlich der über drei Jahre Dienenden) eine überraschend weitgehende Übereinstimmung zwischen den im jeweiligen Dienst erzielten Durchschnittseinkommen innerhalb geringer Toleranz. Dennoch bestehen eklatante Unterschiede bei der Versorgungsüberleitung der betroffenen Gruppen. Während für Angehörige der Sonderversorgungssysteme nach Anl. 2 Nr. 1–3 AAÜG, soweit sie nicht eine in § 6 Abs. 2 Nr. 1–9 AAÜG aufgeführte Beschäftigung ausgeübt haben, der tatsächlich erzielte Verdienst bis zur Höhe der Beitragsbemessungsgrenze (Anl. 3 AAÜG) berücksichtigt wird, wird das Einkommen der Angehörigen des MfS nur bis zum Durchschnittsverdienst nach Anl. 6 AAÜG angerechnet. Der Durchschnittsverdienst macht im Mittel der Jahre 1950–1989 nur 57,06 v.H. der Beträge der Beitragsbemessungsgrenze aus.

23. 23. Darüber hinaus ist die Gleichbehandlung der von § 6 Abs. 2 Nr. 1–9 AAÜG einerseits und der von § 7 AAÜG andererseits betroffenen Personengruppen

verfassungswidrig, weil entgegen Art. 3 Abs. 1 GG Ungleiches gleich behandelt wird. Bei den von § 6 Abs. 2 Nr. 1–9 AAÜG Betroffenen handelt es sich um eine Gruppe von ca. 1 000 bis 1 200 Personen, „die im Partei- und Staatsapparat der DDR an wichtigen Schaltstellen tätig waren". Deshalb ist nach Auffassung des BVerfG für diesen engen Personenkreis die Annahme des Gesetzgebers gerechtfertigt, dass „diese Personengruppen bei generalisierender Betrachtungsweise leistungsfremde, politisch begründete und damit überhöhte Arbeitsverdienste bezogen haben". Demgegenüber werden von § 7 AAÜG etwa 125 000 Personen erfasst, für die in ihrer Gesamtheit nicht angenommen werden kann, dass sie im „Partei- und Staatsapparat der DDR an wichtigen Schaltstellen tätig waren". Da der Gestaltungsspielraum des Gesetzgebers umso geringer wird, je stärker sich seine Regelung „auf einen großen Personenkreis" erstreckt, bei dem die Gefahr besteht, auch Personen zu erfassen, deren höhere Leistungen gerechtfertigt sind, kann er nicht in gleicher Weise typisieren, zumal es sich bei den von § 7 AAÜG Betroffenen weder um eine verhältnismäßig kleine Zahl von Personen handelt, die Härten auch nicht nur unter Schwierigkeiten vermeidbar gewesen wären und der Verstoß gegen den Gleichheitssatz intensiv ist.

24. 24. Schließlich ist die Gleichbehandlung der Bezieher durchschnittswahrender mit den Beziehern überdurchschnittlicher Einkommen verfassungswidrig, weil Ungleiches gleich behandelt wird. Während bei der Gruppe mit unterdurchschnittlichem bis durchschnittlichem Einkommen dieses bei der Rentenberechnung in voller Höhe berücksichtigt wird,

werden bei Versorgungsberechtigten mit überdurchschnittlichen Einkommen alle die Grenze des Durchschnittseinkommens übersteigenden Einkommensbestandteile (und die hierfür entrichteten Beiträge) nicht in die Rentenberechnung einbezogen, so dass diese Kappungs-Wirkung im Ergebnis einen Gleichmacher-Effekt hervorruft. § 7 AAÜG bewirkt, dass trotz unterschiedlichen Arbeitsentgelts infolge unterschiedlicher Funktionen die Versorgung der Beschäftigten gleich ausfällt, sofern sie ein individuelles Einkommen mindestens in Höhe des Durchschnittsentgelts bezogen haben. Dies widerspricht der differenzierten Aufgaben- und Ausbildungsstruktur der Beschäftigten des MfS/AfNS, zu denen 12 300 Hochschulabsolventen, 30 000 Fachhochschulabsolventen und 42 700 Meister bzw. Vorarbeiter gehörten. § 7 AAÜG führt zur Beseitigung jeglichen Spannungsabstands zwischen den Gehaltsgruppen und zu einer Vernachlässigung des Gebots vertikaler Gleichheit im Verhältnis geringerer zu höheren Einkommen. Da es sich bei den Sonderversorgungssystemen um eine „der Beamtenversorgung in den alten Bundesländern" vergleichbaren Einrichtung handelte, muss auch eine der amtsangemessenen Alimentation vergleichbare Struktur erhalten bleiben, die für ein höheres Amt grundsätzlich auch eine höhere Versorgung fordert. Die undifferenzierte Versorgungsnivellierung jenseits des Durchschnittseinkommens verstößt gegen das in Art. 3 Abs. 1 enthaltene Differenzierungsgebot, wonach „Ungleiches seiner Eigenart entsprechend verschieden" zu behandeln ist. Da gerade für die gesetzliche Rentenversicherung das Prinzip einer „Äquivalenz von Beitrag und Leistung" gilt, hätte der Gesetzgeber, wenn er von überhöhten Entgelten im Bereich des MfS/AfNS ausging, mangels anderer Anhaltspunkte eine für alle Beschäftigten anteilsmäßig gleiche Überhöhung unterstellen müssen. Im Übrigen folgt nach der Rechtsprechung des BVerfG aus „Staats- und Systemnähe" der Berufstätigkeit noch nicht, dass Entgelte gezahlt wurden, die nicht durch Arbeit und Leistung gerechtfertigt waren. „Nur bei Trägern höchster Funktionen im unmittelbaren Bereich der Exekutive" hat das Gericht ungerechtfertigte Entgeltvorteile bejaht (E 126, 233 [267]).

25. Weiterhin fehlt in § 7 AAÜG die aus Art. 3 Abs. 1 GG folgende Kernforderung personaler Gleichheit, die durch die speziellen Gleichheitssätze konkretisiert wird, indem die Bestimmung insbesondere ausweislich der Äußerungen des seinerzeit zuständigen Fachministers sowie der Gesetzesbegründungen die Berechtigten des Versorgungssystems nach Anl. 2 Nr. 4 AAÜG aus weltanschaulich-politischen Gründen schlechter stellt.

C. Zu RN 427–497

26. Ungeachtet unterschiedlicher Auffassungen im Schrifttum sieht das BVerfG in ständiger Rechtsprechung die „in der deutschen Demokratischen Republik erworbenen und im Einigungsvertrag nach dessen Maßgaben als Rechtspositionen der gesamtdeutschen Rechtsordnung anerkannten Ansprüche und Anwartschaften aus Zusatz- und Sonderversorgungssystemen" als vom Schutz der Eigentumsgarantie umfasst an. Damit werden zugleich einer späteren Eigentumsbestimmung und Eigentumsbeschränkung durch den Gesetzgeber Grenzen gezogen, da die Wirkungen des Einigungsvertrags

als eines (quasi-)völkerrechtlichen Vertrages mit dem Untergang der DDR als Staat nicht entfallen sind. Der Gesetzgeber darf die Vorgaben des Einigungsvertrags zwar ausführen und ausgestalten, diese aber nicht verbösern, wobei er ohnehin an den Verhältnismäßigkeitsgrundsatz gebunden ist.

27 27. Das Verhältnismäßigkeitsprinzip verlangt zunächst, dass Ziele und Mittel eines Eingriffs in Art. 14 GG verfassungslegitim sind. Eingriffe können daher weder mit der Leistungsfähigkeit des Sozialversicherungssystems, das die für § 7 AAÜG anfallenden Mittel nicht aufbringt, noch mit einem Vergleich der Situation der „Täter" und „Opfer" begründet werden. Dagegen ist es verfassungslegitim, „überhöhte Leistungen" „auf das durch Arbeit und Leistung gerechtfertigte Maß" zurückzuführen und „ungerechtfertigte Leistungen" abzuschaffen, wobei allerdings eine „Staats- und Systemnähe" nicht den Schluss gestattet, dass die Entgeltbezieher ein „nicht durch Arbeit und Leistung gerechtfertigtes" Einkommen bezogen haben (BVerfGE 100, 59 [95]). Schließlich wäre die im Einigungsvertrag vorgesehene Kürzung oder Aberkennung von Ansprüchen bei Verstößen gegen die Grundsätze der Menschlichkeit oder Rechtsstaatlichkeit sowie im Falle des Missbrauchs verfassungslegitim gewesen; verfassungsillegitim ist es jedoch, unter Verstoß gegen das verfassungsrechtliche Schuldprinzip allein mit dem Hinweis auf eine Vergangenheitsbelastung des MfS eine Eigentumsbeschränkung pauschal für bestimmte Gruppen der Versorgungsberechtigten vorzunehmen.

28 28. Zwar sind zur Regelung von Massenerscheinungen pauschalierende und typisierende Normen zulässig, solange die Grenzen gesetzgeberischer

Typisierungsbefugnisse eingehalten werden. Diese werden jedoch überschritten, wenn der Gesetzgeber an Merkmale anknüpft, die nicht als Indikatoren für ein überhöhtes Entgelt ausreichen und deshalb nicht sicherstellen, dass den betroffenen Personen tatsächlich überhöhte Entgelte bezahlt wurden. Sind durch die Einführung der (westdeutschen) Beitragsbemessungsgrenze ohnehin neben hohen auch überhöhte Ansprüche vermindert worden, so dürfen weitere Kürzungen nach den zwingenden Vorgaben des Einigungsvertrags nur erfolgen, um „eine Besserstellung gegenüber vergleichbaren Ansprüchen und Anwartschaften aus anderen öffentlichen Versorgungssystemen" zu vermeiden. Auch in diesem Rahmen muss für die Entgeltbegrenzung „ein sachgerechter Kürzungsmechanismus gewählt" werden, der sich „auf Erkenntnisse zur wirklichen Verteilung überhöhter Arbeitsverdienste im Bereich zwischen dem Durchschnittsentgelt und Entgelten an der Beitragsbemessungsgrenze stützen" kann (BVerfGE 111, 115 [138 f.]).

29 29. Dass eine Mammutbehörde mit über 90 000 Mitarbeitern im Hinblick auf ihre Bedeutung für das System der DDR und angesichts der Verwendung hochmoderner Technik nur Angehörige benötigt hat, bei denen lediglich ein Durchschnittseinkommen angemessen war, entbehrt von vornherein der Schlüssigkeit. Die unterschiedslose Gleichbehandlung aller überdurchschnittlichen Einkommensbezieher ungeachtet differierender Ausbildung, Funktion und Abteilungszugehörigkeit und ungeachtet einer Tätigkeit im operativen oder im technisch-organisatorischen oder gar medizinischen Bereich ist daher kein im Sinne des

Verhältnismäßigkeitsprinzips geeignetes Mittel für den im Einigungsvertrag vorgesehenen Abbau überhöhter Leistungen, zumal ein spezifischer „Stasi-Unwert" für MfS-Mitarbeiter abzulehnen ist. Die jetzige Regelung des § 7 AAÜG stellt auch keineswegs das mildeste Mittel dar, da bei einer „Überhöhung" der Entgelte eine prozentuale Absenkung der Rentenversicherungsleistungen oder eine dem Eingliederungsprinzip des Fremdrentengesetzes entsprechende fiktive Zuordnung von Entgeltpunkten für die Rentenberechnung entsprechend von Ausbildung, Verantwortung und Funktion der jeweiligen Organwalter weniger schwere Maßnahmen gewesen wären.

30. Der Verhältnismäßigkeitsgrundsatz schließt eine Disproportionalität von Eingriffsziel und Eingriffsmittel aus, so dass bei einer Gesamtabwägung zwischen der Schwere des Eingriffs und dem Gewicht der ihn rechtfertigenden Gründe die Grenze der Zumutbarkeit gewahrt bleiben muss und Betroffene nicht übermäßig belastet werden dürfen. Der Kürzungsmechanismus des § 7 AAÜG bewirkt, dass Versorgungsberechtigte mit Bezügen in Höhe der Jahreshöchstverdienstgrenze (Beitragsbemessungsgrenze) im Mittel der Jahre 1953 bis 1989 70,46 v.H. der für die Rentenversicherung berücksichtigungsfähigen Beiträge – also mehr als zwei Drittel – einbüßen. Hierin liegt für die Betroffenen eine unangemessene und unzumutbare Pauschalregelung.

D. Zu RN 498–595

31. Die These des Bundesverfassungsgerichts, dem MfS/AfNS liege ein „Gesamtkonzept der Selbstprivilegierung dieses Staatsbereichs"

zugrunde (BVerfGK 3, 270 [273]), lässt sich bei detaillierter Betrachtung und Berücksichtigung neuerer Forschungsergebnisse nicht verifizieren. Eine Vorzugsbehandlung beim Zugang zu Waren und Dienstleistungen, Wohnraum und Ferienleistungen war nicht MfS-spezifisch, sondern diente der Stärkung des politischen Systems der DDR insgesamt. Für die Verfassungsmäßigkeit des § 7 AAÜG haben diese Vorzugsbehandlungen ohnehin keine Bedeutung, da sie sich nicht in Beiträgen zum Sonderversorgungssystem niederschlugen und deshalb auch bei der Versorgungsüberleitung von vornherein außer Betracht bleiben. Die in der Auflösungsphase des MfS/AfNS geleisteten Ausgleichszahlungen begründen keine „Sonderstellung" der Staatssicherheit, da sie auch für andere Bereiche des militärischen Sektors der DDR gewährt wurden und auf einem Beschluss des Ministerrats auf der Grundlage der Besoldungsordnung von 1987 beruhen und somit nach Art. 76 Abs. 1 Satz 1 der Verfassung auf die Regierung der Deutschen Demokratischen Republik zurückgehen. Der These des Bundesverfassungsgerichts, Angehörige der Staatssicherheit hätten eine Altersversorgung in Höhe von 75 v.H. der monatlichen Durchschnittsvergütung bezogen, „die diejenige anderer Versorgungsberechtigter und vor allem die in der Rentenversicherung erzielbaren Leistungen deutlich überstieg" (BVerfGE 100, 138 [179]), ist in dieser Form nicht richtig, weil alle Angehörigen der Sicherheitsorgane der DDR eine Altersversorgung in Höhe von 75 v.H. der monatlichen beitragspflichtigen Durchschnittsvergütung erhielten. Nach Einführung der Beitragsbemessungsgrenze im Rahmen der

Versorgungsüberleitung liegt jedenfalls keine „deutliche" Übersteigung mehr vor, die eine Verminderung des rentenrechtlich anrechenbaren Arbeitsentgelts um bis zu 70,46 v.H. im Vergleich zu den Angehörigen der anderen Sonderversorgungssysteme rechtfertigen würde. Der Unterschied zu den in der Rentenversicherung erzielbaren Leistungen ist – in gleicher Weise wie in den alten Bundesländern – systembedingt. Da der Einigungsvertrag keine Nivellierungsfunktion entfalten wollte, vermag eine Unausgewogenheit in der Altersversorgung nicht „die Beibehaltung einer gleichheitswidrigen Rentenkürzung zu legitimieren" (BVerfGE 111, 115 [144 f.]).

32 32. Dass die „Beschäftigten- und Qualifikationsstruktur" sowie die „Struktur der beim MfS/AfNS erzielten Pro-Kopf- und Durchschnittseinkommen" „statistisch zu keiner Zeit erfasst worden waren", ist ein ständiger Hinweis in der einschlägigen Rechtsprechung des BVerfG (E 100, 138 [179 f.]; 126, 233 [260]; BVerfGK 3, 270 [273]), wobei die Kammer-Entscheidung auch eine kausale Verknüpfung zwischen den statistisch nicht hinreichend erfassten Strukturen und dem der Legislative bei der Ausgestaltung der Entgeltbegrenzung in § 7 Abs. 1 AAÜG eingeräumten „Recht zur pauschalen Einstufung und Bewertung" herstellt. Diese „Sonderstellung" des MfS hat sich jedoch durch neuere Forschungsergebnisse, insbesondere das Gutachten von Miethe/Weißbach (s. oben RN 102) geändert, weil hier erstmalig die zum Bruttoeinkommen der militärischen Bereiche der DDR vorliegenden Basisdaten der Bundesbehörden statistisch ausgewertet, die ermittelten monatlichen Durchschnittseinkommen

untereinander sowie mit den in der Volkswirtschaft erzielten Einkommen verglichen und ca. 6 Millionen Datensätze des Bundesverwaltungsamts und der Wehrbereichsverwaltung Ost zum rentenrelevanten Bruttoeinkommen der dem jeweiligen Sonderversorgungssystem angehörenden hauptamtlichen Mitarbeiter auch hinsichtlich der Qualifikation-, Geschlechts- und Organisationsstruktur untersucht werden. Liegen nunmehr fehlende fundierte Informationen zum Einkommensgefüge vor und erweisen sich damit früher zugrunde gelegte Einschätzungen als unrichtig, so muss der Gesetzgeber auf die veränderte Sachlage reagieren. Bleibt er untätig, so liegt ein Verfassungsverstoß vor, wenn evident ist, „dass eine ursprünglich rechtmäßige Regelung wegen zwischenzeitlicher Änderung der Verhältnisse verfassungsmäßig untragbar geworden ist" BVerfGE 56, 54 [81]).

E. Zu RN 596–642

33 33. Da sich die Rechtskraft verfassungsgerichtlicher Entscheidungen auf die zu diesem Zeitpunkt bestehenden Verhältnisse beschränkt, entfällt das Prozesshindernis entgegenstehender Rechtskraft, wenn später rechtserhebliche Änderungen der Sach- und Rechtslage eintreten. Daher ist eine erneute verfassungsgerichtliche Überprüfung des § 7 Abs. 1 AAÜG zulässig, da neue rechtserhebliche Tatsachen gegen die tragenden Feststellungen der früheren Rechtsprechung vorliegen, die eine andere Entscheidung rechtfertigen können.

34 34. Neue Tatsachen sind Umstände, die dem seinerzeit

erkennenden Gericht nicht bekannt waren und deshalb bei der Entscheidung nicht berücksichtigt werden konnten. Sie sind dann rechtserheblich, wenn sie einen Bezug zu der maßgeblichen Frage des Rechtsstreits haben, sich auf die tragenden Feststellungen der bereits ergangenen Entscheidung beziehen und eine andere verfassungsrechtliche Beurteilung rechtfertigen können. Bei Tatsachen kann es sich um tatsächliche, aber auch um rechtliche Gesichtspunkte, insbesondere eine Gesetzesaufhebung oder eine Gesetzesänderung handeln. Für die Beurteilung des § 7 AAÜG sind zum einen neuere Forschungsergebnisse zu den Einkommensstrukturen der hauptamtlichen Mitarbeiter des MfS von Bedeutung. Zum anderen sind aber auch Änderungen des AAÜG beachtlich, die dem Bundesverfassungsgericht bei seinen Entscheidungen zu § 7 AAÜG nicht vorlagen und zu einer erheblichen rechtlichen Ungleichbehandlung der Angehörigen des MfS einerseits und der Versorgungsberechtigten im militärischen Sektor andererseits führen.

35 35. Das BVerfG verlangt für eine Annahme von Verfassungsbeschwerden gemäß § 93 a BVerfGG, dass an der Beantwortung der mit ihr aufgeworfenen verfassungsrechtlichen Frage „ernsthafte Zweifel bestehen müssen" und dass ein über den Einzelfall hinausgehendes Interesse an der Klärung der verfassungsrechtlichen Zweifel besteht, was zu bejahen ist, wenn diese für eine nicht unerhebliche Anzahl von Streitigkeiten bedeutsam ist. Ferner muss die Annahme der Verfassungsbeschwerde zur Grundrechtsdurchsetzung angezeigt sein, was der Fall ist, wenn dem Beschwerdeführer durch die Versagung der Entscheidung zur Sache ein besonders

schwerer Nachteil entsteht. Während das Gericht hierfür wirtschaftliche Nachteile in Bagatellfällen nicht ausreichen lässt, ist ein besonders schwerer Nachteil bei den intensiven Rentenminderungen aufgrund von § 7 AAÜG zu bejahen.

F. Zu RN 643–654

36 36. Zu den Zulässigkeitsvoraussetzungen einer Urteilsverfassungsbeschwerde gehört die substantiierte Behauptung, durch das angegriffene Gerichtsurteil in einem der Grundrechte des Grundgesetzes verletzt zu sein, was die Darlegung einschließt, die angegriffene Entscheidung habe bei der Anwendung einfachen Rechts den Grundrechtseinfluss gänzlich oder doch grundsätzlich verkannt. Darüber hinaus muss der Beschwerdeführer selbst, unmittelbar und gegenwärtig in seiner Grundrechtsposition beeinträchtigt worden sein. Von dem Grundsatz der Subsidiarität der Verfassungsbeschwerde werden dann Ausnahmen gemacht, wenn das eingelegte Rechtsmittel nicht offensichtlich unzulässig war oder die Erschöpfung des Rechtswegs wegen Unzumutbarkeit nicht verlangt werden kann, da sie im Hinblick auf eine gefestigte richterliche Rechtsprechung völlig aussichtslos ist.

St. Martin, den 15. Mai 2012   (Prof. Dr. Dr. Detlef Merten)

Antwort des Bundeskanzleramtes

Bundeskanzleramt

Dr. Achim Bertuleit
Ministerialrat
Referat 311
Soziale Sicherung, Rente

Bundeskanzleramt, 11012 Berlin

Herrn
Wolfgang Schmidt
ISOR e.V.
Franz-Mehring-Platz 1
10243 Berlin

HAUSANSCHRIFT Willy-Brandt-Straße 1, 10557 Berlin
POSTANSCHRIFT 11012 Berlin
TEL +49 (0) 30 18 400-2398
FAX +49 (0) 30 18 10 400-1840
E-MAIL achim.bertuleit@bk.bund.de

Berlin, 17. September 2018

Sehr geehrter Herr Schmidt,

vielen Dank für Ihr Schreiben vom 6. September 2018 an die Bundeskanzlerin Frau Dr. Angela Merkel. Bitte haben Sie Verständnis dafür, dass es wegen der Vielzahl der täglich hier eingehenden Schreiben der Bundeskanzlerin leider nicht möglich ist, in jedem Fall persönlich zu antworten. Sie hat mich beauftragt, die Beantwortung für sie zu übernehmen.

Der Deutsche Bundestag hat in der letzten Legislaturperiode das Rentenüberleitungsabschlussgesetz verabschiedet. Der Koalitionsvertrag sieht zwar vor, für Härtefälle in der Grundsicherung im Rentenüberleitungsprozess einen Ausgleich zu schaffen. Der Koalitionsvertrag greift aber das Anliegen von Herrn Horst Parton in seinem Schreiben vom 2. Mai 2018, das Anspruchs- und Anwartschaftsüberführungsgesetz zu ändern, nicht auf. Eine Änderung vermag ich Ihnen deshalb nicht in Aussicht zu stellen.

Mit freundlichen Grüßen
Im Auftrag

Dr. Bertuleit

Bundeskanzleramt
Dr. Achim Bertuleit, Ministerialrat, Referat 311
Soziale Sicherung, Rente

Bundeskanzleramt, 11012 Berlin
Willy-Brandt-Straße 1, 10557 Berlin
E-MAIL achim.bertuleit@bk.bund.de

Wolfgang Schmidt
Berlin, ISOR e.V., Franz-Mehring-Platz 1

Berlin, 17. September 2018

Sehr geehrter Herr Schmidt,

vielen Dank für Ihr Schreiben vom 6. September 2018 an die Bundeskanzlerin Frau Dr. Angela Merkel. Bitte haben Sie Verständnis dafür, dass es wegen der Vielzahl der täglich hier eingehenden Schreiben der Bundeskanzlerin leider nicht möglich ist, in jedem Fall persönlich zu antworten. Sie hat mich beauftragt, die Beantwortung für sie zu übernehmen.
Der Deutsche Bundestag hat in der letzten Legislaturperiode das **Rentenüberleitungsabschlussgesetz** verabschiedet. Der Koalitionsvertrag sieht zwar vor, für Härtefälle in der Grundsicherung im Rentenüberleitungsprozess einen Ausgleich zu schaffen. Der Koalitionsvertrag greift aber das Anliegen von Herrn Horst Parton in seinem Schreiben vom 2. Mai 2018, das Anspruchs- und Anwartschaftsüberführungsgesetz zu ändern, nicht auf. Eine Änderung vermag ich Ihnen deshalb nicht in Aussicht zu stellen.

Mit freundlichen Grüßen
Im Auftrag

Dr. Bertuleit

Antwort des Ministeriums für Arbeit und Soziales

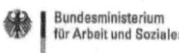
Bundesministerium
für Arbeit und Soziales

Bundesministerium für Arbeit und Soziales, 11017 Berlin

Initiativgemeinschaft zum Schutz der sozialen
Rechte ehemaliger Angehöriger bewaffneter
Organe und der Zollverwaltung der DDR e.V.
Herrn Horst Parton
Franz-Mehring-Platz 1
10243 Berlin

REFERAT IVb 2
BEARBEITET VON Gerhard Meyering
HAUSANSCHRIFT Wilhelmstraße 49, 10117 Berlin
POSTANSCHRIFT 11017 Berlin
TEL +49 30 18 527-1048
FAX +49 30 18 527-1927
E-MAIL poststelle@bmas.bund.de
DE-MAIL poststelle@bmas.de-mail.de
INTERNET www.bmas.de

Berlin, 6. Juni 2018
AZ IVb 2-45-ISOR e.V./18

Ihr Schreiben vom 2. Mai 2018

Sehr geehrter Herr Parton,

vielen Dank für Ihr Schreiben vom 2. Mai 2018. Sie haben sich in der gleichen Angelegenheit an den Petitionsausschuss des Deutschen Bundestages gewandt, demgegenüber das Bundesministerium für Arbeit und Soziales auf Anforderung diesbezüglich Stellung nehmen wird. Daher muss ich Sie bitten, die Antwort des Petitionsausschusses abzuwarten, weil wir dessen Entscheidung nicht vorgreifen können. Dies gilt ebenso in Bezug auf die Beantwortung Ihrer Schreiben an das Bundesministerium der Verteidigung und das Bundesministerium des Innern, für Bau und Heimat, welche diese Ministerien zuständigkeitshalber an das Bundesministerium für Arbeit und Soziales abgegeben haben.

Mit freundlichen Grüßen
Im Auftrag
Gerhard Meyering

Beglaubigt
Regierungshauptsekretärin

U-Bahn U 2, U 6: Mohrenstraße / Französische Straße
Bus 200: Wilhelmstraße
S-Bahn 1, 2, 25: Brandenburger Tor

Bundesministerium für Arbeit und Soziales

11017 Berlin REFERAT IVb2, Gerhard Meyering , Wilhelmstraße 49, 10117 Berlin
poststelle@bmas.bund.de, www.bmas.de
Berlin, 6. Juni 2018 Az |Vb 2-45-1SOR e.V./18

Initiativgemeinschaft zum Schutz der sozialen Rechte ehemaliger Angehöriger bewaffneter Organe und der Zollverwaltung der DDR e.V.
Herrn Horst Parton, Franz-Mehring-Platz, 10243 Berlin

Ihr Schreiben vom 2. Mai 2018

Sehr geehrter Herr Parton,

vielen Dank für Ihr Schreiben vom 2. Mai 2018. Sie haben sich in der gleichen Angelegenheit an den Petitionsausschuss des Deutschen Bundestages gewandt, demgegenüber das Bundesministerium für Arbeit und Soziales auf Anforderung diesbezüglich Stellung nehmen wird. Daher muss ich Sie bitten, die Antwort des Petitionsausschusses abzuwarten, weil wir dessen Entscheidung nicht vorgreifen können. Dies gilt ebenso in Bezug auf die Beantwortung Ihrer Schreiben an das Bundesministerium der Verteidigung und das Bundesministerium des Innern, für Bau und Heimat, welche diese Ministerien zuständigkeitshalber an das Bundesministerium für Arbeit und Soziales abgegeben haben.

Mit freundlichen Grüßen

Im Auftrag
Gerhard Meyering

E-Mail: ISOR-Berlin@t-online.de   Berlin 27.11.2018

Ministerium für Arbeit und Soziales
Herrn Minister Heil
Wilhelmstr. 49
10117 Berlin

Überlegungen und Vorschläge des Vorstandes der ISOR e.V. für eine abschließende Regelung der noch strittigen Vorschriften der §§ 6, Absatz 2 und 7 AAÜG sowie des Rentenüberleitungsabschlussgesetzes

Sehr geehrter Herr Minister,

bezugnehmend auf unser Schreiben vom 02. Mai 2018 und entsprechend mehrerer Hinweise des BVerfG in seinen Urteilen von 1999, 2004 und 2017 hat der Gesetzgeber politisch die Möglichkeit, die noch strittigen Vorschriften der genannten §§ des AAÜG unter Beachtung des Ausgleichs bekanntlich widersprüchlicher Interessen alsbald abschließend aus eigener Initiative neu zu regeln und damit den Rechts- und Sozialfrieden herzustellen.

Wir machen aufmerksam, dass es zur Gesamtsicht des Problems gehört, dass der Gesetzgeber von der Möglichkeit des Einigungsvertrages keinen Gebrauch gemacht hat, Renten nur dort zu kürzen, wo der Anspruchsberechtigte gegen die Grundsätze der Menschlichkeit oder die Rechtsstaatlichkeit verstoßen oder in schwerwiegendem Maße seine Stellung zum eigenen Vorteil oder zum Nachteil anderer missbraucht hat. Die Ergebnisse der politisch motivierten und rechtsstaatlich fragwürdigen Strafverfolgung ehemaliger DDR-Bürger nach 1990 belegen, dass hierfür wohl kaum eine

ausreichende und überzeugende Grundlage gegeben war. Stattdessen kam es zu einer pauschalen Regelung, die zu Rentenkürzungen vom Kraftfahrer bis zum Minister führten.
Bis zur Wiedervereinigung beider deutscher Staaten haben sich Bundesregierung und Bundestag immer an die Wertneutralität des Rentenrechts gehalten. Im Memorandum der Bundesregierung vom 2. September 1956 zur Frage der Wiederherstellung der deutschen Einheit heißt es:
„14. Die Bundesregierung ist der Überzeugung, dass freien Wahlen in ganz Deutschland, wie sie auch immer ausfallen mögen, nur den Sinn haben dürfen, das deutsche Volk zu einen und nicht zu entzweien. Die Errichtung eines neuen Regierungssystems darf daher in keinem Teile Deutschlands zu einer politischen Verfolgung der Anhänger des alten Systems führen. Aus diesem Grunde sollte nach Auffassung der Bundesregierung dafür Sorge getragen werden, dass nach der Wiedervereinigung Deutschlands niemand wegen seiner politischen Gesinnung oder nur weil er in Behörden oder politischen Organisationen eines Teils Deutschlands tätig gewesen ist, verfolgt werden."
(Bulletin des Presse- und Informationsamtes der Bundesregierung Nr. 169, Seite 1625 vom 8. September 1956).
Bereits 1951 wurden durch Bundesgesetz ca. 150.000 Personen, die bei Kriegsende Beamte oder Berufssoldaten waren und seitdem ihre Stellung verloren hatten, Pensionsansprüche zuerkannt und die Wiedereingliederung in ihre alten Positionen verfügt. („Gesetz zur Regelung der Rechtsverhältnisse der unter Artikel 131 des Grundgesetzes fallenden Personen" vom 18. Mai

1956). Davon profitierten selbst als belastet geltende ehemalige Angehörige der vom Nürnberger Kriegsverbrechertribunal als verbrecherisch eingestufte Einrichtungen und Organisationen. Bis heute zahlt die Bundesrepublik Renten an ausländische Angehörige der Waffen-SS.
Vor diesem Hintergrund und 28 Jahre nach dem Ende der DDR ist die andauernde rentenrechtliche Diskriminierung Ostdeutscher skandalös.

Sehr geehrter Herr Minister,
der Vorstand der ISOR e.V. strebt in Übereinstimmung mit den Urteilen des BVerfG eine politische Lösung an, die verhindert, dass neue Rechtsfragen und neue Klagen an den Sozialgerichten ausgelöst werden.
Wir bitten Sie, die jetzigen Vorschriften des 2. AAÜG-ÄndG zu überprüfen und die darin enthaltenen z.T. auch handwerklichen Fehler zu korrigieren. Das betrifft
- Den Titel, der schon offensichtlich falsch ist. Es wäre zumindest das 3. AAÜG-ÄndG. Das zweite AAÜG ÄndG stammt vom 27.7.2001;
- Die abstrafungsmäßige Benennung von Funktionären, deren Funktionen es in der DDR nicht gab - es gab keinen „Staatssekretär im Politbüro der SED";
- Die Bestimmung von Aufgaben, die nur als Bestandteil bestimmter Ämter und ehrenamtlich erledigt wurden - *Mitglieder der Bezirks- und Kreiseinsatzleitungen* - als abzustrafende Funktionsausübung und
. Die rechtswidrig rückwirkende erhebliche Verschlechterung von Rechtspositionen. Personen wurden mit Rentenkürzungen überzogen, die

zuvor von der Rentenstrafe nicht betroffen waren und soweit sie einen rechtskräftigen Rentenbescheid besaßen auch nicht mehr bestraft werden durften.

Mit den AAÜG und dem Rentenüberleitungsabschlussgesetz sind viele soziale Ungerechtigkeiten besonders gegenüber den Menschen in Ostdeutschland aber auch in den alten Bundesländern entstanden.

Aus der Sicht unseres Vorstandes und in Übereinstimmung mit den Sozialverbänden im Ostdeutschen Kuratorium von Verbänden betrifft das in der Anlage beigefügte Fragen und Probleme, die einer dringenden politischen Lösung bedürfen.

Was die §§ 6, Absatz 2 und 7 des AAÜG betrifft, bitten wir um die Prüfung folgender Vorschläge:

1. Aufhebung der Begrenzung des für die Renten berücksichtigungsfähigen Entgelts auf das jeweilige Durchschnittseinkommen für Personen, die von den §§ 6, Abs. 2 und 7 des AAÜG betroffen sind, höchstens bis zur Beitragsbemessungsgrenze und für die Zukunft;

2. Beachtung der Tatsache, dass sich der Gesetzgeber bei der Regelung des § 7 AAÜG nicht auf die mit den Verhältnissen der DDR vertraute Volkskammer der DDR berufen durfte. Diese hatte in einer unvermeidlich pauschalen Regelung der Gleichstellung der ehemaligen Angehörigen des MfS/AfNS mit den Renten der Sozialversicherung Renten in Höhe von 147 v. H. der Durchschnittsrente zugelassen.

Die Anerkennung des Aufhebungsgesetzes bzw. der Beschlüsse der Volkskammer der DDR würde zu einer Minimierung der Rentenbenachteiligung der von den §§ 6 (2) und 7 des AAÜG betroffenen

Personen führen. Die Behauptung, dass es ISOR um die Gewährung von Luxusrenten für die Betroffenen geht, weisen wir entschieden zurück.
Es geht um eine Rente nach gezahlten Beiträgen bis zur Beitragsbemessungsgrenze wie für alle DDR-Bürger. Nicht um mehr und nicht um weniger.
Uns ist bewusst, dass die politische Lösung dieses Problems mit zusätzlichen Kosten verbunden ist. Bedenken Sie, dass es dabei nicht nur um Geld, sondern um die durch das Grundgesetz geschützte Würde der betroffenen Menschen geht.
Um die Rentenkassen und die Bundesländer zu entlasten, bitten wir zu prüfen, ob die entstehenden Mehrkosten aus der Verwertung des Staatsvermögens der DDR und dem Vermögen der SED, der Parteien und gesellschaftlichen Organisationen der DDR finanziert werden können.
Der Vorstand der ISOR e.V. erklärt seine uneingeschränkte Kompromiss- und Gesprächsbereitschaft.
Für ein Gespräch mit Verantwortungsträgern Ihres Ministeriums wären wir dankbar.

Hochachtungsvoll

Horst Parton
Volkspolizeirat a. D.

Anlage: Soziale Fragen, die einer dringenden politischen Lösung bedürfen

Anlage

Soziale Fragen, die einer dringenden politischen Lösung bedürfen

Der gesamte Katalog von Tatbeständen bei der Renten- und Versorgungsüberleitung, wie sie im Prozess der Wiedervereinigung beider deutscher Staaten entstanden sind und zur sozialen Benachteiligung der ostdeutschen Rentner, aber auch der Rentner in den Altbundesländern führten, bedarf einer dringlichen politischen Lösung und verfassungsmäßigen Prüfung.

In Übereinstimmung mit den Sozialverbänden im OKV betrifft das aus der Sicht von ISOR e.V. insbesondere:

- Die schnellere Angleichung des Rentenwertes Ost an West bis zum Jahr 2020 und nicht, wie im Rentenüberleitungsabschlussgesetz vorgesehen bis 2025;
- Die sofortige Aufhebung der §§ 6 (2) und 7 AAÜG ÄndG und eine politisch gerechte Lösung für die Betroffenen und für die Zukunft;
- Die Anerkennung von Zulagen und Zuschlägen als rentenwirksame Leistung durch die Bundesregierung und die Landesregierungen entsprechend dem Urteil des Bundessozialgerichtes vom 23. August 2007 (Az.: B4 RS 4106 R) als Arbeitsentgelt für die Rentenberechnung;
- Die Beseitigung der Ungleichbehandlung aller Mütter in Ost und West, deren Kinder vor 1992 geboren wurden, unabhängig von der Anzahl der Geburten;

- Die Überwindung der noch vorhandenen Benachteiligungen der Bergleute, Postler, Eisenbahner, des mittleren medizinischen Personals sowie der geschiedenen Eheleute;
- Die Beibehaltung des Fremdrentengesetzes für alle DDR-Bürger, die vor 1990 in die BRD übergesiedelt sind;
- Die Überprüfung des Haftentschädigungsgesetzes für alle aus politischen Gründen inhaftierten Menschen;

**Bundesministerium
für Arbeit und Soziales**

Bundesministerium für Arbeit und Soziales, 11017 Berlin

Vorsitzender der Initiativgemeinschaft zum
Schutz der sozialen Rechte ehemaliger
Angehöriger bewaffneter Organe und der
Zollverwaltung der DDR e.V. - ISOR e.V. -
Herrn Horst Parton
Franz-Mehring-Platz 1
10243 Berlin

REFERAT	IVb 2
BEARBEITET VON	Gerhard Meyering
HAUSANSCHRIFT	Wilhelmstraße 49, 10117 Berlin
POSTANSCHRIFT	11017 Berlin
TEL	+49 30 18 527-1048
FAX	+49 30 18 527-1927
E-MAIL	poststelle@bmas.bund.de
DE-MAIL	poststelle@bmas.de-mail.de
INTERNET	www.bmas.de

Berlin, 9. Januar 2019
AZ IVb 2-45-ISOR e.V./18

Ihr Schreiben vom 27. November 2018

Sehr geehrter Herr Parton,

vielen Dank für Ihr Schreiben vom 27.November 2018. Wie ich Ihnen bereits mit Schreiben vom 6. Juni 2018 mitgeteilt hatte, muss ich Sie bitten, die Antwort des Petitionsausschusses, an den Sie sich in gleicher Angelegenheit gewendet hatten, abzuwarten.

Mit freundlichen Grüßen
Im Auftrag
Gerhard Meyering

Beglaubigt
Amtsinspektorin

U-Bahn U 2, U 6: Mohrenstraße / Französische Straße
Bus 200: Wilhelmstraße
S-Bahn 1, 2, 25: Brandenburger Tor

Bundesministerium für Arbeit und Soziales
Gerhard Meyering

Vorsitzender der Initiativgemeinschaft zum Schutz der sozialen Rechte ehemaliger Angehöriger der bewaffneten Organe und der Zollverwaltung der DDR e.V. - ISOR e.V.-
Herrn Horst Parton
Franz-Mehringplatz 1
10243 Berlin

Ihr Schreiben vom 27. November 2018

Sehr geehrter Herr Parton,

vielen Dank für Ihr Schreiben vom 27. November 2018. Wie ich Ihnen bereits mit Schreiben vom 6. Juni 2018 mitgeteilt hatte, muss ich Sie bitten, die Antwort des Petitionsausschusses, an den Sie sich in gleicher Angelegenheit gewendet hatten, abzuwarten.

Mit freundlichen Grüßen
Im Auftrag
Gerhard Meyering

Beglaubigt
Ahlhotte
Amtsinspektorin

Antwort des Ministeriums für Finanzen

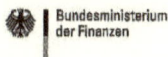 Bundesministerium
der Finanzen

POSTANSCHRIFT Bundesministerium der Finanzen, 11016 Berlin	
Per E-Mail	HAUSANSCHRIFT Wilhelmstraße 97
	10117 Berlin
ISOR e. V.	BEARBEITET VON Sven Hoffmann
Franz-Mehring-Platz 1	REFERAT/PROJEKT Z B 2
10243 Berlin	TEL +49 (0) 30 18 682-1363 (oder 682-0)
	FAX +49 (0) 30 18 682-881363
ISOR-Berlin@t-online.de	E-MAIL sven.hoffmann@bmf.bund.de
	DATUM 26. Juni 2018

BETREFF Regelungen zum Anspruchs- und Anwartschaftsüberführungsgesetz

BEZUG Ihr Schreiben an den Bundesminister der Finanzen vom 2. Mai 2018

GZ Z B 2 - P 1622/15/10001 :003
DOK 2018/0511313
(bei Antwort bitte GZ und DOK angeben)

Sehr geehrter Herr Parton,

vielen Dank für Ihr o. g. Schreiben an den Bundesminister der Finanzen Olaf Scholz. Der Minister hat mich gebeten, Ihnen zu antworten.

Für das von Ihnen vorgebrachte Anliegen ist innerhalb des Bundes das Bundesministerium für Arbeit und Soziales zuständig. Neben Ihrem Schreiben vom 2. Mai 2018 an den Bundesminister der Finanzen haben Sie inhaltlich identische Zuschriften an weitere Ministerien sowie eine Petition an den Deutschen Bundestag gerichtet.

Zur Vermeidung von Wiederholungen verweise ich deshalb für die Beantwortung Ihres o. g. Schreibens auf die Antwort des Petitionsausschusses des Deutschen Bundestages und bitte Sie, diese abzuwarten.

Mit freundlichen Grüßen

Im Auftrag
Dr. Kerstin Löhr
Dieses Dokument wurde elektronisch versandt und ist nur im Entwurf gezeichnet.

www.bundesfinanzministerium.de

Bundesministerium der Finanzen

Sven Hoffmann, ZB 2, sven.hoffmann@bmf.bund.de
Bundesministerium der Finanzen, 11017 Berlin, Wilhelmstraße 97

26. Juni 2018

ISOR e.V.

Regelungen zum Anspruchs- und Anwartschaftsüberführungsgesetz

Ihr Schreiben an den Bundesminister der Finanzen vom 2. Mai 2018
GZ 2,B2-P1622/15/10001 :003, DOK 2018/0511313
(bei Antwort bitte GZ und DOK angeben)

Sehr geehrter Herr Parton,
vielen Dank für Ihr o.g. Schreiben an den Bundesminister der Finanzen Olaf Scholz. Der Minister hat mich gebeten, Ihnen zu antworten.
Für das von Ihnen vorgebrachte Anliegen ist innerhalb des Bundes das Bundesministerium für Arbeit und Soziales zuständig. Neben Ihrem Schreiben vom 2. Mai 2018 an den Bundesminister der Finanzen haben Sie inhaltlich identische Zuschriften an weitere Ministerien sowie eine Petition an den Deutschen Bundestag gerichtet.
Zur Vermeidung von Wiederholungen verweise ich deshalb für die Beantwortung Ihres o.g. Schreibens auf die Antwort des Petitionsausschusses des Deutschen Bundestages und bitte Sie, diese abzuwarten.

Mit freundlichen Grüßen
Im Auftrag Dr. Kerstin Löhr

Dieses Dokument wurde elektronisch versandt und ist nur im Entwurf gezeichnet.

Antwort der CDU/CSU

CDU/CSU-Fraktion im Deutschen Bundestag · Platz der Republik 1 · 11011 Berlin

Initiativgemeinschaft zum Schutz der sozialen
Rechte ehemaliger Angehöriger bewaffneter Organe
und der Zollverwaltung der DDR e. V. – ISOR e. V.
Franz-Mehring-Platz 1

10243 Berlin

Bürgerkommunikation

Platz der Republik 1
11011 Berlin

T 030. 227-55550
F 030. 227-15930

fraktion@cducsu.de
www.cducsu.de

Berlin, 16. Mai 2018
Rentenrecht

Sehr geehrter Herr Parton,

ich bin gebeten worden, auf Ihr Schreiben vom 2. Mai 2018, in dem Sie eine über das verfassungsrechtlich Gebotene hinaus fordern, zu antworten. Ich bemerke hierzu Folgendes:

Das Bundesverfassungsgericht hat sich in mehreren Grundsatzentscheidungen mit dem Überleitungsrecht der in der DDR erworbenen Rentenansprüche und -anwartschaften für Angehörige des Ministeriums für Staatssicherheit/Amtes für Nationale Sicherheit (MfS/AfNS) befasst. Das Gericht hat dabei in einer seiner ersten Leitentscheidungen vom 28. April 1999 (BVerfGE 100, 138) es für verfassungsrechtlich zulässig gehalten, überhöhte Arbeitsverdienste, wie sie die in Rede stehenden Personen in der Regel bezogen, im Rentenrecht zu berücksichtigen. Verfassungsrechtlich geboten sei aber, bei Kürzungen das jeweilige Durchschnittsentgelt im Beitrittsgebiet nicht zu unterschreiten. Dies sichere diesen Personen typischerweise eine Altersversorgung zu, die sie von sonstigen Sozialleistungen unabhängig machen.

Daran hat sich der Gesetzgeber bislang gehalten. Für Verbesserungen in dem von Ihnen gewünschten Sinne sehen wir keine Veranlassung.

Mit freundlichen Güßen

CDU/CSU-Fraktion im Deutschen Bundestag

» Platz der Republik 1, 11011 Berlin Bürgerkommunikation, fraktion@cducsu.de www.cducsu.de

Initiativgemeinschaft zum Schutz der sozialen Rechte ehemaliger Angehöriger bewaffneter Organe und der Zollverwaltung der DDR e. V. - ISOR e.V.

Rentenrecht Berlin, 16. Mai 2018

Sehr geehrter Herr Parton,

ich bin gebeten worden, auf Ihr Schreiben vom 2. Mai 2018, in dem Sie eine über das verfassungsrechtlich Gebotene hinaus fordern, zu antworten. Ich bemerke hierzu Folgendes:

Das Bundesverfassungsgericht hat sich in mehreren Grundsatzentscheidungen mit dem Überleitungsrecht der in der DDR erworbenen Rentenansprüche und -anwartschaften für Angehörige des Ministeriums für Staatssicherheit/Amtes für Nationale Sicherheit (MfS/AfNS) befasst. Das Gericht hat dabei in einer seiner ersten Leitentscheidungen vom 28. April 1999 (BVerfGE 100, 138) es für verfassungsrechtlich zulässig gehalten, überhöhte Arbeitsverdienste, wie sie die in Rede stehenden Personen in der Regel bezogen, im Rentenrecht zu berücksichtigen. Verfassungsrechtlich geboten sei aber, bei Kürzungen das jeweilige Durchschnittsentgelt im Beitrittsgebiet nicht zu unterschreiten. Dies sichere diesen Personen typischerweise eine Altersversorgung zu, die sie von sonstigen Sozialleistungen unabhängig machen.

Daran hat sich der Gesetzgeber bislang gehalten. Für Verbesserungen in dem von Ihnen gewünschten Sinne sehen wir keine Veranlassung.

Mit freundlichen Grüßen

Antwort der Partei Die Linke

Matthias Höhn
Mitglied des Deutschen Bundestages

Matthias Höhn, MdB, Platz der Republik 1, 11011 Berlin

An
Initiativgemeinschaft zum Schutz sozialer
Rechte ehemaliger Angehöriger bewaffneter
Organe und der Zollverwaltung der DDR e.V.
ISOR e.V.
Franz-Mehring-Platz 1
10243 Berlin

Berlin, 06.06.2018

Matthias Höhn, MdB

Fraktion DIE LINKE
Sicherheitspolitischer Sprecher

Beauftragter und Sprecher
für Ostdeutschland

Platz der Republik 1
11011 Berlin
Büro: Unter den Linden 50
Raum: 3 045
Telefon:
+49 30 227-73443
Telefax:
+49 30 227-70443
E-Mail:
matthias.hoehn@bundestag.de

Wahlkreisbüro Altmark
Anne-Frank-Straße 20
39576 Stendal
Telefon:
+49 03931 490-5562
Telefax:
+49 03931 490-5563
E-Mail:
matthias.hoehn.wk@bundestag.de

Wahlkreisbüro Magdeburg
Ebendorfer Straße 3
39108 Magdeburg
Telefon:
+49 0391 506-72800
Telefax:
+49 0391 506-72801
E-Mail:
matthias.hoehn.wk02@bundestag.de

Sehr geehrter Herr Parton,

vielen Dank für Ihren Brief, den ich als Beauftragter für Ostdeutschland meiner Fraktion gern beantworte.

Ihr Anliegen ist mir und meinen Fraktionskolleginnen und -kollegen gut vertraut. Als einzige im Bundestag vertretene Partei hat DIE LINKE gegen das Unrecht bei der Überführung von DDR-Rentenanwartschaften gekämpft. Wir haben in den vergangenen Legislaturperioden immer wieder parlamentarische Anträge im Bundestag zur Abstimmung gestellt, mit denen das Versorgungsunrecht, die Überführungslücken und die Strafrenten beseitigt werden sollten.

Die Eingriffe in die Rentenformel bei als staatsnah eingestuften Personen halten wir für politische Willkür. Dahingehend haben wir regelmäßig Einzelanträge in den Bundestag eingebracht, wie beispielsweise den Antrag "Wertneutralität im Rentenrecht auch für Personen mit bestimmten Funktionen in der DDR" (Bundestagsdrucksache 17/3888). Daneben gab es auch umfassende Anträge, die mehrere Betroffenengruppen umfassen, in denen Ihr Anliegen vorkommt, z.B. "Spezifische Altersarmut Ost durch Korrektur der Rentenüberleitung beheben" (Bundestagsdrucksache 18/1644). Darin haben wir alle noch ungelösten Probleme aufgelistet. Beide Anträge sind von den jeweiligen Regierungsparteien abgelehnt worden. Ich schicke sie Ihnen zur Kenntnis mit.

Wie Sie vielleicht gehört haben, wurde von den Regierungsparteien CDU/CSU und SPD in ihren Koalitionsvertrag ein kleiner Absatz zur Rentenüberleitung eingefügt. Dort steht: "Für Härtefälle in der Grundsicherung im Rentenüberleitungsprozess wollen wir einen Ausgleich durch eine Fondslösung schaffen." Das bedeutet, dass nur diejenigen

Rentnerinnen und Rentner, die Grundsicherung im Alter erhalten - also quasi Hartz-IV für Ältere -, etwas bekommen könnten. Es gibt aber weder Aussagen zum Umfang noch einen Zeitplan für einen solchen Härtefallfonds.

Ich finde dieses Vorgehen empörend, weil es sich höchstens um eine Minimal-Vereinbarung handeln kann und nur den Ärmsten der Armen zugutekommen würde. Die rechtmäßigen Ansprüche der meisten anderen Ostdeutschen werden weiterhin ignoriert. Falls ein solcher Härtefallfonds überhaupt eingerichtet werden sollte, darf er meiner Ansicht nach kein Feigenblatt für die Bundesregierung sein, um bei der Rentenüberleitung weiterhin tatenlos zu bleiben.

Ich kann Ihnen versichern, dass sich meine Fraktion auch in der aktuellen Wahlperiode weiter für Gerechtigkeit für die Menschen in Ostdeutschland einsetzen wird. Dazu zählt für uns selbstverständlich auch Renten-Gerechtigkeit. Eine wirkliche soziale Einheit ist erst hergestellt, wenn gleichwertige Lebensverhältnisse überall in der Bundesrepublik herrschen.

Mit freundlichen Grüßen,

Matthias Höhn
Mitglied des Deutschen Bundestages
Fraktion DIE LINKE Sicherheitspolitischer Sprecher
Beauftragter und Sprecher für Ostdeutschland,
matthias.hoehn@bundestag.de Platz der Republik 1, 11011
Berlin, Büro: Unter den Linden 50 Raum: 3 045

Initiativgemeinschaft zum Schutz sozialer Rechte ehemaliger Angehöriger bewaffneter Organe und der Zollverwaltung der DDR e.V., ISOR e.V.
Franz-Mehring-Platz 1 10243 Berlin

Sehr geehrter Herr Parton,

vielen Dank für Ihren Brief, den ich als Beauftragter für Ostdeutschland meiner Fraktion gern beantworte. Ihr Anliegen ist mir und meinen Fraktionskolleginnen und -kollegen gut vertraut. Als einzige im Bundestag vertretene Partei hat DIE LINKE gegen das Unrecht bei der Überführung von DDR-Rentenanwartschaften gekämpft. Wir haben in den vergangenen Legislaturperioden immer wieder parlamentarische Anträge im Bundestag zur Abstimmung gestellt, mit denen das Versorgungsunrecht, die Überführungslücken und die Strafrenten beseitigt werden sollten.
Die Eingriffe in die Rentenformel bei als staatsnah eingestuften Personen halten wir für politische Willkür. Dahingehend haben wir regelmäßig Einzelanträge in den Bundestag eingebracht, wie beispielsweise den Antrag "Wertneutralität im Rentenrecht auch für Personen mit bestimmten Funktionen in der DDR" (Bundestagsdrucksache 17/3888). Daneben gab es auch umfassende Anträge, die mehrere Betroffenengruppen umfassen, in denen Ihr Anliegen vorkommt, z.B. "Spezifische Altersarmut Ost durch Korrektur der Rentenüberleitung beheben" (Bundestagsdrucksache 18/1644). Darin haben wir alle noch ungelösten Probleme aufgelistet. Beide Anträge sind von den jeweiligen Regierungsparteien abgelehnt worden. Ich schicke sie Ihnen zur Kenntnis mit.

Wie Sie vielleicht gehört haben, wurde von den Regierungsparteien CDU/CSU und SPD in ihren Koalitionsvertrag ein kleiner Absatz zur Rentenüberleitung eingefügt. Dort steht: "Für Härtefälle in der Grundsicherung im Rentenüberleitungsprozess wollen wir einen Ausgleich durch eine Fondslösung schaffen." Das bedeutet, dass nur diejenigen Rentnerinnen und Rentner, die Grundsicherung im Alter erhalten -also quasi Hartz-IV für Ältere-, etwas bekommen könnten. Es gibt aber weder Aussagen zum Umfang noch einen Zeitplan für einen solchen Härtefallfonds. Ich finde dieses Vorgehen empörend, weil es sich höchstens um eine Minimal-Vereinbarung handeln kann und nur den Ärmsten der Armen zugutekommen würde. Die rechtmäßigen Ansprüche der meisten anderen Ostdeutschen werden weiterhin ignoriert. Falls ein solcher Härtefallfonds überhaupt eingerichtet werden sollte, darf er meiner Ansicht nach kein Feigenblatt für die Bundesregierung sein, um bei der Rentenüberleitung weiterhin tatenlos zu bleiben. Ich kann Ihnen versichern, dass sich meine Fraktion auch in der aktuellen Wahlperiode weiter für Gerechtigkeit für die Menschen in Ostdeutschland einsetzen wird. Dazu zählt für uns selbstverständlich auch Renten-Gerechtigkeit. Eine wirkliche soziale Einheit ist erst hergestellt, wenn gleichwertige Lebensverhältnisse überall in der Bundesrepublik herrschen.

Mit freundlichen Grüßen

Antwort des Petitionsausschusses

Deutscher Bundestag
Petitionsausschuss
Der Vorsitzende

ISOR e.V.
Herrn Horst Parton
Franz-Mehring-Platz 1
10243 Berlin

Berlin, 17. Mai 2019
Bezug: Ihre Eingabe vom 2. Mai 2018;
Pet 3-19-11-8228-006220
Anlagen: 1

Marian Wendt, MdB
Platz der Republik 1
11011 Berlin
Telefon: +49 30 227-35257
Fax: +49 30 227-36027
vorzimmer.peta@bundestag.de

Sehr geehrter Herr Parton,

der Deutsche Bundestag hat Ihre Petition beraten und am 4. April 2019 beschlossen:

Das Petitionsverfahren abzuschließen.

Er folgt damit der Beschlussempfehlung des Petitionsausschusses (BT-Drucksache 19/8595), dessen Begründung beigefügt ist.

Mit dem Beschluss des Deutschen Bundestages ist das Petitionsverfahren beendet.

Mit freundlichen Grüßen

Marian Wendt

Prot. Nr. 19/32

 Petitionsausschuss

Pet 3-19-11-8228-006220   10243 Berlin

Regelungen zum Anspruchs- und
Anwartschaftsüberführungsgesetz

Beschlussempfehlung

Das Petitionsverfahren abzuschließen.

Begründung

Mit der Petition wird gefordert, die für ehemalige Angehörige des Ministeriums für Staatssicherheit/Amtes für Nationale Sicherheit sowie für besonders herausgehobene Funktionsträger der DDR geltende Begrenzung der für die Rentenhöhe maßgeblichen Verdienste aufzuheben.

Die Initiativgemeinschaft zum Schutz der sozialen Rechte ehemaliger Angehöriger bewaffneter Organe und der Zollverwaltung der DDR e. V. (ISOR e. V.) trägt im Wesentlichen vor, dass es 28 Jahre nach der Wiederherstellung der staatlichen Einheit Deutschlands höchste Zeit sei, die ausschließlich politisch motivierten Kürzungen von Rentenansprüchen für ehemalige Angehörige des Ministeriums für Staatssicherheit (MfS) und für andere ausgewählte Gruppen von Verantwortungsträgern der DDR aufzuheben und zur Rechtsstaatlichkeit zurückzukehren. Noch immer seien für diese Personenkreise die im Grundgesetz garantierten Grundrechte, wie das Gleichheitsgebot und der auch für Rentenansprüche geltende Eigentumsschutz, außer Kraft gesetzt. Die der Begrenzung der rentenrelevanten Verdienste auf das Durchschnittsentgelt zugrunde liegenden Begründungen seien haltlos und durch Streichung der §§ 6 Absatz 2 und 7 des Anspruchs- und Anwartschaftsüberführungsgesetzes (AAÜG) zurückzunehmen. Auf die weiteren Ausführungen in der Petition wird verwiesen.

Das mit der Petition vorgetragene gesetzgeberische Anliegen der ISOR e.V. war bereits Gegenstand einer parlamentarischen Prüfung durch den Petitionsausschuss. Als Ergebnis der Beratung wurde dem Deutschen Bundestag empfohlen, das Petitionsverfahren abzuschließen, weil eine dem Anliegen Rechnung tragende Gesetzesänderung nicht in Aussicht gestellt

Petitionsausschuss

noch Pet 3-19-11-8228-006220

werden konnte. Nach dem Beschluss des Deutschen Bundestages am 2. Juli 2015 wurde der ISOR e.V. die ausführliche Beschlussempfehlung des Petitionsausschusses übersandt.

Zu diesem Anliegen haben den Petitionsausschuss des Deutschen Bundestages weitere Eingaben gleichen Inhalts erreicht, die wegen des Sachzusammenhangs einer gemeinsamen parlamentarischen Prüfung unterzogen werden. Es wird um Verständnis gebeten, dass nicht auf alle der vorgetragenen Aspekte im Einzelnen eingegangen werden kann.

Der Petitionsausschuss hat der Bundesregierung erneut Gelegenheit gegeben, ihre Haltung zu der Eingabe darzulegen. Im Rahmen der parlamentarischen Prüfung hat der Petitionsausschuss keine Anhaltspunkte feststellen können, die ihm Anlass geben könnten, von seiner früheren Beschlussempfehlung, die die ISOR e.V. mit Schreiben vom 21. Juli 2015 erhalten hat, abzuweichen. Zur Vermeidung von Wiederholungen verweist er auf die ausführliche Begründung der öffentlich bekannt gemachten Beschlussempfehlung. Der Ausschuss lässt sich dabei unter Einbeziehung der seitens der Bundesregierung angeführten Aspekte in weitgehender Übereinstimmung mit seiner früheren Beschlussempfehlung von folgenden Überlegungen leiten:

Es gilt weiterhin, dass Ansprüche und Anwartschaften aus den Zusatz- und Sonderversorgungssystemen der ehemaligen DDR im Rahmen der Rentenüberleitung nicht unbesehen übernommen werden sollten. Dies ergab sich aus den Regelungen im 1. Staatsvertrag und im Einigungsvertrag. Bei der Begründung neuer Ansprüche und Anwartschaften in der Rentenversicherung sollten die bisherigen Ansprüche auch mit dem Ziel überprüft werden, ungerechtfertigte Leistungen abzuschaffen und überhöhte Leistungen abzubauen.

Versorgungen aus dem Sonderversorgungssystem des MfS und des Amtes für Nationale Sicherheit (AfNS) hatte bereits die frei gewählte Volkskammer der DDR ab dem 1. Juli 1990 pauschal begrenzt, um die weit über dem Niveau der Sozialversicherung/Freiwilligen Zusatzrentenversicherung (FZR) liegenden Spitzenversorgungen des MfS/AfNS abzubauen. Der Gesetzgeber hatte dies mit den Regelungen des Anspruchs- und Anwartschaftsüberführungsgesetz (AAÜG) umgesetzt. Die in §§ 6 und 7 AAÜG enthaltenen rentenrechtlichen Regelungen sehen danach eine pauschale Kürzung ungerechtfertigt überhöhter Entgelte in der Rentenberechnung für besonders herausgehobene Funktionsträger der DDR sowie für Zeiten der

Petitionsausschuss

Prot. Nr. 19/32

noch Pet 3-19-11-8228-006220

Zugehörigkeit zum Sonderversorgungssystem des MfS und AfNS auf den Durchschnittsverdienst vor.

Das Bundesverfassungsgericht (BVerfG) hält die geltende Begrenzung für rechtmäßig, weil es die einkommensmäßige Privilegierung dieses Personenkreises im Vergleich zum volkswirtschaftlichen Durchschnittseinkommen als nachgewiesen ansieht. Dies berechtigte den Gesetzgeber zu einer typisierenden Begrenzungsregelung, die den Umfang und den Wert der zu berücksichtigenden Arbeitsentgelte grundsätzlich niedriger einstuft als bei anderen Personen aus dem Beitrittsgebiet; lediglich das Unterschreiten des Durchschnittsentgeltes sei verfassungswidrig. Die Begrenzung von Verdiensten für Zeiten der Zugehörigkeit zum Versorgungssystem des MfS/AfNS bei der Rentenberechnung knüpft sowohl an die bereits durch den DDR-Gesetzgeber geregelte pauschale Begrenzung der Versorgungen aus diesem System als auch an die vom BVerfG ausdrücklich festgestellte Überhöhung der Entgelte an und nicht - wie in der Petition dargestellt - an persönliche Schuld oder politische Gesinnung. Diese Rechtslage hat das BVerfG in seinen Nichtannahmebeschlüssen vom 22. Juni 2004 und 7. November 2016 ebenso ausdrücklich bestätigt, wie seine Auffassung, dass der Gesetzgeber an die pauschalen Kürzungen von MfS-Versorgungen durch den DDR-Gesetzgeber anknüpfen durfte.

Auch der Europäische Gerichtshof für Menschenrechte hat in der Regelung des § 7 AAÜG keinen Verstoß gegen die Rechte und Freiheiten, wie sie in der Konvention und den zugehörigen Protokollen festgelegt worden seien, gesehen (unveröffentlichte Einzelrichterentscheidung am 14. September 2017). Für eine rentenrechtliche Regelung, die über die vom BVerfG gesetzten Mindestanforderungen hinausgegangen wäre, hatte sich bei den zahlreichen parlamentarischen Prüfungen seit dem Gesetzgebungsverfahren zum AAÜG aus dem Jahre 2001 keine parlamentarische Mehrheit gefunden.

Die von den Petenten gleichfalls beanstandete Regelung zur Begrenzung der rentenrelevanten Verdienste auf das Durchschnittsentgelt für besonders herausgehobene Funktionsträger, insbesondere im Parteiapparat der SED und der Regierung der DDR, die mit dem ersten Gesetz zur Änderung des Anspruchs- und Anwartschaftsüberführungsgesetz im Jahre 2005 eingeführt wurde, wurde maßgeblich von der für den MfS geltenden Rechtslage beeinflusst. Alle von der Regelung erfassten Funktionsträger gehörten Versorgungssystemen an, für die

Petitionsausschuss

Prot. Nr. 19/32

noch Pet 3-19-11-8228-006220

schon der DDR-Gesetzgeber eine pauschale Zahlbetragsbegrenzung der Versorgungen vorgenommen hatte. Dieser hatte damit bereits eine Auswahl dahingehend getroffen, dass insbesondere bei Mitarbeitern des Staatsapparates und der Parteiversorgungen die versorgungsrechtlichen Privilegien mittels einer Zahlbetragsbegrenzung eingeschränkt worden sind, welche auch vom BVerfG nicht in Frage gestellt wurde.

Die Abgrenzung des hier betroffenen Personenkreises ist mittels zweier nebeneinander stehender Typisierungen (Weisungsbefugnis gegenüber dem MfS bzw. Zugehörigkeit zur Spitzennomenklatur und damit Teil des Gesamtkonzepts der Selbstprivilegierung) erfolgt. Es handelt sich dabei um Funktionsgruppen, bei denen ein Wegfall der Begrenzung als nicht tragbarer Wertungswiderspruch zu den für ehemalige Angehörige des MfS weiterhin geltenden Begrenzungsregelungen gesehen wird.

Für die Berufsgruppen der Minister, stellvertretenden Minister sowie für Staatsanwälte beim Generalstaatsanwalt der DDR hat das BVerfG in seinen Entscheidungen vom 6. Juli 2010 und 9. November 2017 die entsprechenden Teile der Vorschrift für verfassungsgemäß erachtet. Auch der Europäische Gerichtshof für Menschenrechte hat in der die Berufsgruppe der Minister betreffenden Regelung keinen Verstoß gegen die Europäische Menschenrechtskonvention gesehen.

Nach den vorangegangenen Ausführungen sieht der Petitionsausschuss weiterhin keine Möglichkeit, das gesetzgeberische Anliegen zu unterstützen. Er empfiehlt deshalb, das Petitionsverfahren abzuschließen, weil dem Anliegen nicht entsprochen werden konnte.

Der von der Fraktion der DIE LINKE. gestellte Antrag, die Petition der Bundesregierung zur Berücksichtigung zu überweisen und den Fraktionen des Deutschen Bundestages zur Kenntnis zu geben, ist mehrheitlich abgelehnt worden.

**Deutscher Bundestag Petitionsausschuss,
Der Vorsitzende**
Marian Wendt, MdB, Platz der Republik 1, 11011 Berlin, vorzimrmer.peta@bundestag.de

Ihre Eingabe
vom 2. Mai 2018; Pet 3-19-11-8228-006220

ISOR e.V.   Berlin, 17, Mai 2019
Herrn Horst Parton
Franz-Mehring-Platz 1 . 10243 Berlin

Sehr geehrter Herr Parton,

der Deutsche Bundestag hat Ihre Petition beraten und am 4. April 2019 beschlossen:
Das Petitionsverfahren abzuschließen.
Er folgt damit der Beschlussempfehlung des Petitionsausschusses (BT-Drucksache 19/8595), dessen Begründung beigefügt ist.
Mit dem Beschluss des Deutschen Bundestages ist das Petitionsverfahren beendet.

Mit freundlichen Grüßen
Marian Wendt

Prot. Nr. 19/32, Petitionsausschuss
Pet 3-19-11-8228-006220

Regelungen zum Anspruchs- und Anwartschaftsüberführungsgesetz
Beschlussempfehlung:
Das Petitionsverfahren abzuschließen.
Begründung:
Mit der Petition wird gefordert, die für ehemalige Angehörige des Ministeriums für Staatssicherheit/Amtes für Nationale Sicherheit sowie für besonders herausgehobene Funktionsträger der DDR geltende Begrenzung der für die Rentenhöhe maßgeblichen Verdienste aufzuheben.

Die Initiativgemeinschaft zum Schutz der sozialen Rechte ehemaliger Angehöriger bewaffneter Organe und der Zollverwaltung der DDR e.V. (ISOR e.V.) trägt im Wesentlichen vor, dass es 28 Jahre nach der Wiederherstellung der staatlichen Einheit Deutschlands höchste Zeit sei, die ausschließlich politisch motivierten Kürzungen von Rentenansprüchen für ehemalige Angehörige des Ministeriums für Staatssicherheit (MfS) und für andere ausgewählte Gruppen von Verantwortungsträgern der DDR aufzuheben und zur Rechtsstaatlichkeit zurückzukehren. Noch immer seien für diese Personenkreise die im Grundgesetz garantierten Grundrechte, wie das Gleichheitsgebot und der auch für Rentenansprüche geltende Eigentumsschutz, außer Kraft gesetzt. Die der Begrenzung der rentenrelevanten Verdienste auf das Durchschnittsentgelt zugrunde liegenden Begründungen seien haltlos und durch. Streichung der §§ 6 Absatz 2 und 7 des Anspruchs- und Anwartschaftsüberführungsgesetzes (AAÜG) zurückzunehmen. Auf die weiteren Ausführungen in der Petition wird verwiesen.

Das mit der Petition vorgetragene gesetzgeberische Anliegen der ISOR e.V. war bereits Gegenstand einer parlamentarischen Prüfung durch den Petitionsausschuss. Als Ergebnis der "Beratung wurde dem Deutschen Bundestag empfohlen, das Petitionsverfahren abzuschließen, weil eine dem Anliegen Rechnung tragende Gesetzesänderung nicht in Aussicht gestellt werden konnte. Nach dem Beschluss des Deutschen Bundestages am 2. Juli 2015 wurde der ISOR e.V. die ausführliche Beschlussempfehlung des Petitionsausschusses übersandt. Zu diesem Anliegen haben den Petitionsausschuss des Deutschen Bundestages weitere Eingaben gleichen Inhalts erreicht, die wegen des Sachzusammenhangs einer gemeinsamen parlamentarischen Prüfung unterzogen werden. Es wird um Verständnis gebeten, dass nicht auf alle der vorgetragenen Aspekte im Einzelnen eingegangen werden kann. Der Petitionsausschuss hat der Bundesregierung erneut Gelegenheit gegeben, ihre Haltung zu der Eingabe darzulegen. Im Rahmen der parlamentarischen Prüfung hat der Petitionsausschuss keine Anhaltspunkte feststellen können, die ihm Anlass geben könnten, von seiner früheren Beschlussempfehlung, die die ISOR e.V. mit Schreiben vom 21. Juli 2015 erhalten hat, abzuweichen. Zur Vermeidung von Wiederholungen verweist er auf die ausführliche Begründung der öffentlich bekannt gemachten Beschlussempfehlung. Der Ausschuss lässt sich dabei unter Einbeziehung der seitens der Bundesregierung angeführten Aspekte in weitgehender Übereinstimmung mit seiner früheren Beschlussempfehlung von folgenden Überlegungen leiten:

Es gilt weiterhin, dass Ansprüche und Anwartschaften aus den Zusatz- und Sonderversorgungssystemen der ehemaligen DDR im Rahmen der Rentenüberleitung nicht unbesehen übernommen werden sollten, Dies ergab sich aus den Regelungen im 1. Staatsvertrag und im Einigungsvertrag, Bei der Begründung neuer Ansprüche und Anwartschaften in der Rentenversicherung sollten die bisherigen Ansprüche auch mit dem Ziel überprüft werden, ungerechtfertigte Leistungen abzuschaffen und überhöhte Leistungen abzubauen. Versorgungen aus dem Sonderversorgungssystem des MfS und des Amtes für Nationale Sicherheit (AfNS) hatte bereits die frei gewählte Volkskammer der DDR ab dem 1. Juli 1990 pauschal begrenzt, um die weit über dem Niveau der Sozialversicherung/Freiwilligen Zusatzrentenversicherung (FZR) liegenden Spitzenversorgungen des MfS/AfNS abzubauen. Der Gesetzgeber hatte dies mit den Regelungen des Anspruchs- und Anwartschaftsüberführungsgesetz (AAÜG) umgesetzt. Die in §§ 6 und 7 AAÜG enthaltenen rentenrechtlichen Regelungen sehen danach eine pauschale Kürzung ungerechtfertigt überhöhter Entgelte in der Rentenberechnung für besonders herausgehobene Funktionsträger der DDR sowie für Zeiten der Zugehörigkeit zum Sonderversorgungssystem des MfS und AfNS auf den Durchschnittsverdienst vor.

Das Bundesverfassungsgericht (BVerfG) hält die geltende Begrenzung für rechtmäßig, weil es die einkommensmäßige Privilegierung dieses Personenkreises im

Vergleich zum volkswirtschaftlichen Durchschnittseinkommen als nachgewiesen ansieht. Dies berechtigte den Gesetzgeber zu einer typisierenden Begrenzungsregelung, die den Umfang und den Wert der zu berücksichtigenden Arbeitsentgelte grundsätzlich niedriger einstuft als bei anderen Personen aus dem Beitrittsgebiet; lediglich das Unterschreiten des Durchschnittsentgeltes sei verfassungswidrig. Die Begrenzung von Verdiensten für Zeiten der Zugehörigkeit zum Versorgungssystem des MfS/AfNS bei der Rentenberechnung knüpft sowohl an die bereits durch den DDR-Gesetzgeber geregelte pauschale Begrenzung der Versorgungen aus diesem System als auch an die vom BVerfG ausdrücklich festgestellte Überhöhung der Entgelte an und nicht wie in der Petition dargestellt - an persönliche Schuld oder politische Gesinnung. Diese Rechtslage hat das BVerfG in seinen Nichtannahmebeschlüssen vom 22. Juni 2004 und 7. November 2016 ebenso ausdrücklich bestätigt, wie seine Auffassung, dass der Gesetzgeber an die pauschalen Kürzungen von MfS-Versorgungen durch den DDR-Gesetzgeber anknüpfen durfte.

Auch der Europäische Gerichtshof für Menschenrechte hat in der Regelung des § 7 AAÜG keinen Verstoß gegen die Rechte und Freiheiten, wie sie in der Konvention und den zugehörigen Protokollen festgelegt worden seien, gesehen (unveröffentlichte Einzelrichterentscheidung am 14. September 2017). Für eine rentenrechtliche Regelung, die über die vom BVerfG gesetzten Mindestanforderungen hinausgegangen wäre, hatte sich bei den zahlreichen parlamentarischen Prüfungen seit dem Gesetzgebungsverfahren zum AAÜG aus dem Jahre 2001 keine parlamentarische Mehrheit gefunden. Die von den Petenten gleichfalls beanstandete Regelung zur Begrenzung der rentenrelevanten Verdienste auf das Durchschnittsentgelt für besonders herausgehobene Funktionsträger, insbesondere im Parteiapparat der SED und der Regierung der DDR, die mit dem ersten Gesetz zur Änderung des Anspruchs- und Anwartschaftsüberführungsgesetz im Jahre 2005 eingeführt wurde, wurde maßgeblich von der für den MfS geltenden Rechtslage beeinflusst. Alle von der Regelung erfassten Funktionsträger gehörten Versorgungssystemen an, für die schon der DDR-Gesetzgeber eine pauschale Zahlbetragsbegrenzung der Versorgungen vorgenommen hatte, Dieser hatte damit bereits eine Auswahl dahingehend getroffen, dass insbesondere bei Mitarbeitern des Staatsapparates und der Parteiversorgungen die versorgungsrechtlichen Privilegien mittels einer Zahlbetragsbegrenzung eingeschränkt worden sind, welche auch vom BVerfG nicht in Frage gestellt wurde.

Die Abgrenzung des hier betroffenen Personenkreises ist mittels zweier nebeneinander stehender Typisierungen (Weisungsbefugnis gegenüber dem MfS bzw. Zugehörigkeit zur Spitzennomenklatur und damit Teil des Gesamtkonzepts der Selbstprivilegierung) erfolgt. Es handelt sich dabei um Funktionsgruppen, bei denen ein Wegfall der Begrenzung als nicht tragbarer Wertungswiderspruch zu den für ehemalige Angehörige des MfS weiterhin geltenden Begrenzungsregelungen gesehen wird. Für die Berufsgruppen der Minister, stellvertretenden Minister sowie für Staatsanwälte beim Generalstaatsanwalt der DDR hat das BVerfG in seinen Entscheidungen vom 6. Juli 2010 und 9. November 2017 die entsprechenden Teile der Vorschrift für verfassungsgemäß erachtet. Auch der Europäische Gerichtshof für Menschenrechte hat in der die Berufsgruppe der Minister betreffenden Regelung keinen Verstoß gegen die Europäische Menschenrechtskonvention gesehen. Nach den vorangegangenen Ausführungen sieht der Petitionsausschuss weiterhin keine Möglichkeit, das gesetzgeberische Anliegen zu unterstützen. Er empfiehlt deshalb, das Petitionsverfahren abzuschließen, weil dem Anliegen nicht entsprochen werden konnte.

Der von der Fraktion DIE LINKE gestellte Antrag, die Petition der Bundesregierung zur Berücksichtigung zu überweisen und den Fraktionen des Deutschen Bundestages zur Kenntnis zu geben, ist mehrheitlich abgelehnt worden.

ISOR e.V., Vorstand

Stellungnahme zur abweisenden Antwort des Petitionsausschusses vom 17.05.2019 auf ein Schreiben der ISOR an Politiker vom 2. Mai 2018

Den Hinweisen des Bundesverfassungsgerichtes folgend, eine Korrektur des 2. AAÜG-Änderungsgesetzes auf politischem Weg zu erreichen, hatte sich der Vorstand der ISOR in gleichlautenden Schreiben an die Bundeskanzlerin, an Bundesministerien, Fraktionen und Ausschüsse im Bundestag gewandt und dazu letztlich vom Petitionsausschuss eine abweisende Antwort erhalten.

Ohne sich die Mühe zu machen, auf unsere konkreten Argumente einzugehen, hat der Petitionsausschuss – wie nicht anders erwartet – unser Anliegen, nach 28 Jahren endlich zur Rechtsstaatlichkeit zurückzukehren, zurückgewiesen.

Gebetsmühlenartig und in verschiedenen Varianten wird dabei immer wieder betont, dass der bundesdeutsche Gesetzgeber bei der Überführung des Sonderversorgungssystems des MfS in die allgemeine Rentenversicherung berechtigt und verpflichtet gewesen sei, „ungerechtfertigte Leistungen abzuschaffen und überhöhte Leistungen abzubauen". Von einer Einzelfallprüfung hat der Gesetzgeber keinen Gebrauch gemacht und für eine pauschale Regelung nur allgemeine, nicht ausreichend belegte Gründe, vorgebracht.

In einem Land, in dem Manager der DAX-Unternehmen durchschnittlich das 52-fache ihrer Arbeiter und Angestellten verdienen, in dem Mitarbeiter der Geheimdienste nicht nur überdurchschnittlich verdienen sondern als Beamte auch in ihrer Altersversorgung privilegiert sind, gilt ein durchschnittliches MfS-Einkommen, das knapp dem 1,6-fachen des Durchschnittseinkommens in der Volkswirtschaft der DDR entsprach, schon als Anlass für rigorose Einschnitte in die Rentenversorgung. Dabei wird völlig negiert, dass sich die MfS-Einkommen (durch Gutachten belegt) nur unwesentlich von den Einkommen in den anderen bewaffneten Organen der DDR unterschieden und auch andere Personengruppen der DDR überdurchschnittlich oder sogar noch deutlich mehr verdient haben.

Die Abstrafung der Mitarbeiter des MfS, die laut Petitionsausschuss angeblich nicht „an persönliche Schuld oder politische Gesinnung" anknüpft, stehe auch in Übereinstimmung mit dem Willen der Volkskammer der DDR, die bereits eine erhebliche Rentenkürzung verfügt habe.

Tatsache ist aber, dass die von der Volkskammer beschlossene Kürzung der MfS-Renten auf maximal 990,- DM dem Doppelten einer Mindestrente der DDR und umgerechnet 1,47 Entgeltpunkten entsprach. Obwohl es sich bei dem Aufhebungsgesetz der Volkskammer um im Bundesrecht fortgeltendes DDR-Recht gehandelt hat, wurde ohne weitere Begründung eine Kürzung der MfS-Renten zunächst auf maximal 0,7 Entgeltpunkte vorgenommen. Damit wurde das

Anliegen der Volkskammer der DDR grob verfälscht und fortgeltendes DDR-Recht durch Kolonialrecht ersetzt. In fataler Weise entsprachen diese 0,7 Entgeltpunkte genau dem Wert, den die Faschisten in den von ihnen okkupierten Gebieten der dortigen Bevölkerung maximal bei der Rentenberechnung zugestanden hatten.

Nur die Nazis hatten damit das seit Bismarck geltende Prinzip der Wertneutralität des Rentenrechts durchbrochen, woran dann der „deutsche Rechtsstaat" nahtlos angeknüpft hat.

Um das MfS nicht als alleinigen Sündenbock für die gehasste DDR erscheinen zu lassen, wurden auch Rentenkürzungen für eine Gruppe herausgehobener Funktionsträger der DDR verfügt, denen wahrheitswidrig eine Weisungsbefugnis gegenüber dem MfS unterstellt wurde und die angeblich wegen ihrer Zugehörigkeit zur Spitzennomenklatur „Teil des Gesamtkonzepts der Selbstprivilegierung" gewesen seien. Ihnen wird für die Zeit der Ausübung bestimmter Funktionen (darunter auch die ehrenamtliche Tätigkeit in den Bezirks- und Kreiseinsatzleitungen der SED) maximal ein Entgeltpunkt für die Rentenberechnung zuerkannt. Auch ihnen werden ungerechtfertigte und überhöhte Entgelte zur Last gelegt. Danach durfte ein Minister der DDR nicht mehr verdienen als ein durchschnittlicher DDR-Bürger. Sein Einkommen gilt allerdings erst dann als überhöht und nicht gerechtfertigt, wenn er vom Hauptabteilungsleiter zum Minister befördert wurde. Die mehrfach vom Wirtschafts- und Sozialrat der Vereinten Nationen erhobene

Forderung, derartige Diskriminierungen ostdeutscher Bürger zu beenden, war dem Petitionsausschuss noch nicht einmal eine Erwähnung wert.

Nicht der Betrachtung wert war dem Petitionsausschuss auch die aus der pauschalen Rentenkürzung folgende zusätzliche Diskriminierung von Hoch- und Fachschulkadern, die selbst nach dem Fremdrentengesetz - ohne jegliche Einzahlung in die deutschen Rentenkassen – eine überdurchschnittliche Rente erhalten würden.

Das Bundesverfassungsgericht hat sich bei der Nichtannahme der betreffenden Verfassungsbeschwerden 2004 und 2016 auf seine bereits 1999 vertretene Position zurückgezogen, wonach der Gesetzgeber jederzeit über den Mindestsatz von 1,0 Entgeltpunkten hinausgehen könnte. Der Petitionsausschuss teilt dazu mit, dass sich dafür keine parlamentarischen Mehrheiten gefunden hätten. Wie in der Vergangenheit auch, wurden damit Vorschläge der Partei DIE LINKE, die unser Anliegen aufgegriffen hatten, sowohl im Petitionsausschuss als auch im Bundestag abgelehnt.

Die gleichen Leute, die allein bei der Erwähnung des Wortes „Enteignung" in Schnappatmung verfallen, haben keine Probleme damit, ca. 100.000 Personen von durch Beitragszahlung erworbenen Rentenansprüchen zu enteignen. Zivilisatorische Werte wie die Achtung der Menschenwürde oder Gleichheit vor dem Gesetz werden mit Füßen getreten, wenn es darum geht, an politischen Gegnern von einst ein Exempel zu statuieren, stellvertretend für alle, die es gewagt hatten, die heilige kapitalistische Ordnung anzutasten oder es jemals wieder versuchen könnten.

Auch 70 Jahre nach der Verabschiedung des Grundgesetzes und im 30. Jahr des Anschlusses der DDR an die Bundesrepublik liegt damit die Herstellung rechtsstaatlicher Verhältnisse immer noch in weiter Ferne, erweist sich die Bundesrepublik als ein „Unrechtsstaat", gegen den unsere Solidarität und unser Zusammenhalt weiter eingesetzt werden müssen.

Unser politischer Kampf zur Herstellung sozialer Gerechtigkeit und damit für den sozialen Frieden in Deutschland geht weiter.

Die Mitglieder unserer Initiativgemeinschaft sollten klug entscheiden, welchen Politiker und welcher Partei sie bei den bevorstehenden Landtagswahlen ihre Stimme geben.

**Initiativgemeinschaft zum Schutz der
sozialen Rechte ehemaliger Angehöriger
bewaffneter Organe und der Zollverwaltung
der DDR e.V. –ISOR e. V. -**

Der Vorstand

Franz-Mehring-Platz 1,
10243 Berlin
Telefon: (030) 2978 43 16
Fax: (030) 2978 43 20

E-Mail: ISOR-Berlin@t-online.de

Berlin, 31.01.2019

**Herrn Bundespräsidenten
Dr. Frank-Walter Steinmeier
Bundespräsidialamt
Spreeweg 1
10557Berlin**

Sehr geehrter Herr Bundespräsident,

vom Vorstand unserer Initiativgemeinschaft wurde ich gebeten, Ihnen persönlich einen Brief zu schreiben, wohl wissend, über welche Einflussmöglichkeiten Sie als Bundespräsident zur Beseitigung von Ungerechtigkeiten gegenüber betroffenen Menschen im Westen und ganz besonders im Osten Deutschlands und damit auch bei unserem Anliegen haben.
Ihre Weihnachtsansprache wurde von den Mitgliedern des Vorstandes und vielen Mitgliedern unseres Vereins mit großem Interesse verfolgt.
Wir befinden uns mit den von Ihnen aufgeworfenen Fragen und Problemen in völliger Übereinstimmung, da sie auch Hauptfragen unserer Tätigkeit betreffen. Wir werden uns in Ihrem Sinne politisch einbringen.

Gestatten Sie, Herr Bundespräsident, dass ich Ihnen unsere Initiativgemeinschaft kurz vorstelle. ISOR e.V. wurde 1991 gegründet und vertritt die sozialen

Interessen ehemaliger Angehöriger der bewaffneten Organe und der Zollverwaltung, die in der DDR Sonderversorgungssystemen angehört haben. Zeitweise umfasste unsere Initiativgemeinschaft 28.000 Mitglieder.
Bedauerlicher Weise sind über 14.000 unserer Mitglieder bereits verstorben. Mit einem Altersdurchschnitt unserer Mitgliedschaft von ca. 76 Jahren gehören wir zu den Alten unserer Gesellschaft. Wir sind noch lebende Zeitzeugen aus der Zeit des Kalten Krieges, der Wendezeit und des folgenden Abbaus unserer sozialen Rechte nach der Wiedervereinigung der beiden deutschen Staaten.
Mitglieder der ISOR e.V. haben in den zurückliegenden Jahren ca. 28.000 Klagen bei Sozialgerichten und über 80.000 Widerspruchsverfahren gegenüber Versorgungsträgern eingereicht bzw. geführt.
Mit dem Urteil des Bundesverfassungsgerichtes von 1999 wurden für die Mehrzahl der Angehörigen der NVA, des MdI und der Zollverwaltung der DDR Rentenungerechtigkeiten beseitigt. Sie erhalten eine Rente nach eingezahlten Beiträgen bis zur Beitragsbemessungsgrenze, wie alle anderen DDR-Bürger.
Für den Bereich des MfS konnten Rentenungerechtigkeiten nur abgemildert werden. Seither blieben trotz wissenschaftlicher Gutachten, insbesondere zur Klärung der Einkommensverhältnisse im MfS, alle juristischen Aktivitäten gegenüber dem Bundesverfassungsgericht und dem Europäischen Gerichtshof für Menschenrechte erfolglos.

Das BVerfG hat in seinem Urteil von 1999 das verfassungsmäßige Minimum zu den §§ 6 Abs. 2 und 7 AAÜG festgelegt, an das sich der Gesetzgeber gehalten hat. Unberücksichtigt blieb der Hinweis des BVerfG, dass der Gesetzgeber für die Betroffenen auch eine günstigere Lösung finden könnte. Erneute Verfassungsbeschwerden blieben erfolglos.

Mehrfach hat das BVerfG darauf aufmerksam gemacht, dass es sich bei der genannten Problematik nicht um ein verfassungsrechtliches Problem, sondern ausschließlich um eine politische Entscheidung handelt. Deshalb haben wir uns im Mai 2018 an alle Fraktionen im Deutschen Bundestag und die zuständigen Ministerien mit unseren Forderungen und Vorschlägen für eine politische Lösung der uns betreffenden Probleme gewandt. Unterstützt wurden unsere politischen Initiativen nur von der Fraktion der Partei DIE LINKE. Die CDU und die Bundeskanzlerin sehen keinen Handlungsbedarf. Die Fraktionen der GRÜNEN und der FDP haben trotz Erinnerungsschreiben noch nicht einmal den Eingang unseres Briefes bestätigt.

Eine solche Haltung widerspricht den inhaltlichen Orientierungen Ihrer Weihnachtsansprache. Das Ministerium für Arbeit und Soziales ignorierte unsere Vorschläge und verwies auf eine ausstehende Antwort des Petitionsausschusses, der vermutlich am Ende dazu herhalten muss, uns zu erklären, dass leider keine parlamentarischen Mehrheiten für unsere berechtigten Forderungen gefunden werden konnten. Das wäre dann eine erneute Ignorierung des Verfassungsgebotes der rechtlichen Gleichbehandlung aller Bürger, unabhängig von ihrer Herkunft und Weltanschauung.

Die schleppende und zögerliche Anpassung der Lebensverhältnisse Ostdeutschlands an die der alten Bundesländer und die Beibehaltung der Diskriminierung Ostdeutscher gefährden zunehmend den sozialen Frieden in Deutschland und sind aus unserer Sicht Ursachen für den Ansehensverlust der regierenden Parteien und das weitere Anwachsen rechter Bewegungen.

Im Oktober 2018 fand ein bemerkenswertes Gespräch von Vertretern der Gesellschaft zur Rechtlichen und Humanitäre Unterstützung (GRH) mit dem Beauftragten für die Unterlagen des Staatsicherheitsdienstes der ehemaligen DDR (BStU), Herrn Roland Jahn, statt. Ob dieses nach mehr als 25 Jahren erste Gespräch im Sinne Ihrer Weihnachtsansprache helfen kann, Verhärtungen in Auffassungen abzubauen und Kompromisse vorzubereiten, wird sich zeigen. Wir erlauben uns, Ihnen eine Broschüre zum Inhalt dieses Gesprächs als Anlage zu diesem Schreiben beizufügen.

Sehr geehrter Herr Bundespräsident,
wie soll in einem Land Vertrauen in Politiker und in die Politik erzeugt werden, wenn ca. 100.000 Personen mit der erheblichen Kürzung ihrer Rente nach §§ 6 Abs. 2 und 7 des AAÜG politisch bewusst und gewollt am Existenzminimum gehalten werden?
Es ist an der Zeit, dass die Aussagen zur Wendezeit „keine Unterdrückung Andersdenkender", „Rentenrecht ist wertneutral", „Aufrechter Gang für alle Bürger nach der Wende in einer freiheitlichen Demokratie" glaubhaft werden sollen und der politisch motivierten Bestrafung durch Rentenkürzung sowie der Benachteiligung Ostdeutscher ein Ende gesetzt wird. Der bevorstehende 30. Jahrestag der Vereinigung beider deutscher Staaten wäre dazu ein würdiger Anlass.
Wir sind überzeugt, aus dem Bewusstsein des gesamten deutschen Volkes ist mit keiner Lüge die Erkenntnis wegzunehmen: Diejenigen, die von Staats wegen in der DDR die Waffengewalt hatten, haben diese Waffen weder vor noch während der Wende bewusst nicht gegen das eigene Volk eingesetzt. Nur so konnte die Wende friedlich verlaufen. Es ist eine sozialistische und humane Grundüberzeugung, dass Waffen gegen Terroristen, gegen bewaffnete Angreifer, gegen Kriminelle zur Wiederherstellung von Ordnung

und Sicherheit einzusetzen sind, aber nicht gegen Andersdenkende, nicht gegen das eigene Volk.

Bei allem Unrecht, das in der DDR mitunter geschehen ist, sollte wenigstens diese geschichtliche Tatsache Anerkennung finden. Aber das Gegenteil ist der Fall, wie die politische Praxis zeigt.

Nicht allein mit Rentenkürzungen und Ausgrenzung wurden und werden die Betroffenen sozial benachteiligt. Alle Angehörigen der bewaffneten Organe der DDR erhielten nach den Besoldungsordnungen Zulagen und Zuschläge. Diese Zulagen und Zuschläge sind in militärischen Gruppierungen und anderen Berufsgruppen üblich. Bekleidungsgeld, Verpflegungsgeld bzw. die Sachleistungen sind einkommenswirksam. Schichtzuschläge, Wochenend- und Feiertagszuschläge sind bei Arbeitnehmern unstrittig. Zulagen und Zuschläge für ganz besondere Qualifizierungen (Dolmetscher, Sprachkundige, Fallschirmspringer, Sprengmeister ...) sind allgemein anerkannt. Nur die Angehörigen aller bewaffneten Organe der DDR müssen und mussten sich schrittweise Anerkennungen auf Länderebene erstreiten. Nur ein kleiner Teil der in diesem Zusammenhang bedeutsamen Leistungen wurden bisher rentenwirksam. Ist das Gleichheit vor dem Gesetz? Ist das Gerechtigkeit?

Sehr geehrter Herr Bundespräsident,
die Sicherung des Friedens ist eine der Grundlehren aus zwei verheerenden Kriegen, für die Deutschland verantwortlich ist. Bis zur Wende hatten die Bundeswehr und die NVA einen entscheidenden Anteil daran, dass in Europa Frieden herrsche. Inneren Frieden zu sichern ist, vor allem bei den vielen neuen Herausforderungen, denen sich unsere Gesellschaft zu stellen hat, wesentliche Grundlage für äußeren Frieden. Deshalb war Ihre Rede gerade jetzt so wichtig.

Allein die Entwicklungen und Herausforderungen, die sich aus der Durchdringung aller Lebensbereiche durch die neuen Möglichkeiten der Informationstechnik ergeben, führen unweigerlich zum „Zurücklassen" von Teilen der Gesellschaft. Allen Menschen das Gefühl des Gebrauchtwerdens zu erhalten, ist eine neue politische Aufgabe. Die aktuellen Migrationsbewegungen haben gezeigt, wo Kräfte ansetzen, um ihre politischen Pfründe zu finden und wo sie dafür Menschen beeinflussen und missbrauchen. In all diesen Fragen ist unserer Ansicht nach die Gemeinschaft aller Bürger dieses Landes erforderlich, um den neuen gesellschaftlichen Herausforderungen gerecht zu werden. Wir bringen uns heute schon auch in diesen Fragen ein und würden das gern noch deutlich verstärken, wenn nicht ureigenste Interessen uns dazu zwingen würden, andere Prioritäten zu setzen. Sicherzustellen ist vorrangig, dass sich die Mitglieder unseres Sozialvereins Miete, Heizung, Pflege und Essen leisten können.

In Ihrer Weihnachtsansprache haben Sie zum Umdenken angeregt. Dafür möchte ich mich im Namen der Mitgliedschaft der ISOR e.V. ausdrücklich bedanken.

Mit vorzüglicher Hochachtung

Horst Parton
Vorsitzender der ISOR e.V.

Initiativgemeinschaft zum Schutz der sozialen Rechte ehemaliger Angehöriger bewaffneter Organe und der Zollverwaltung der DDR e. V. (ISOR e. V.)
Der Vorstand

Bundesvorsitzende der CDU
Frau Annegret Kramp-Karrenbauer
Klingelhöfer Straße 8
10785 Berlin

Berlin, 27.12.2018

Zu Fragen der Rentengerechtigkeit und vorenthaltener Versorgungsansprüche

Sehr geehrte Frau Kramp-Karrenbauer,

wir gratulieren Ihnen zur Wahl als Vorsitzende der CDU, wünschen Ihnen Erfolg in der Erfüllung Ihres Amtes sowie im Ausgleich ggf. vorhandener gegensätzlicher Anschauungen innerhalb der Partei.

Unsere rund 10.000 Mitglieder, ehemals Bürger der DDR, haben individuell Beiträge in die gesetzliche Rentenversicherung eingezahlt und bekommen diese berechtigt erworbenen Ansprüche als Renten **überwiegend nicht ausgezahlt**. Eigentum wird ungerechtfertigt und politisch motiviert vorenthalten. Die Renten sehr vieler von den durch §§ 6 und 7 des AAÜG Betroffenen liegen durchschnittlich unter der Armutsgrenze. Das familiäre Umfeld spürt das hautnah.

Die o.g. Personen verfügten als Vertreter der Staatsgewalt der DDR 1989 über die Waffen und haben diese bewusst nicht gegen die eigene Bevölkerung eingesetzt. Waffeneinsatz gegen das eigene Volk entsprach und entspricht nicht der Grundüberzeugung dieses Personenkreises.

In der stark aufgeheizten Stimmungslage 1990 gegen Repräsentanten der DDR und besonders gegen das MfS hat die neu gewählte Volkskammer der DDR die Rente des Personenkreises der DDR-Vertreter (umgerechnet) auf max. 1,47 Rentenpunkte begrenzt. Die Gesetzgebung der Bundesrepublik hat dies auf 0,7 Rentenpunkte reduziert. Der Entscheid des BVerfG von 1999 forderte, diese Grenze auf **mindestens** 1,0 Renten-punkte zu erhöhen und beschränkte die Politik nicht bis zur Beitragsbemessungsgrenze zu gehen. Die Politik hat es bisher bei dem Minimum der Forderung des BVerfG belassen.

Im Gegensatz zu den genannten politisch motivierten Rentenkürzungen gegen Vertreter des Staates DDR, erhalten in- und ausländische SS-Angehörige Zusatzrenten/-pensionen. Die letzten Gesetze dazu wurden im Dezember 1998 beschlossen.

Einheit des Volkes, Politikinteresse, Glaubhaftigkeit der Politik werden damit untergraben. Glaubhaftigkeit der Politik, Vertrauen in die Einhaltung von Zusagen sowie in die ursprünglichen Gedanken des Grundgesetzes gehen **auch** an dieser Stelle verloren.

Für das Volk insgesamt öffnet sich immer sichtbarer die Schere zwischen Arm und Reich. Z.B. wären 2 % Steigerung von Renten bei einem Empfänger von 1000.- Euro Rente eine Steigerung von 20 Euro. Das hilft nicht die Kostensteigerungen zu decken, schafft massive Ängste um Mieten u.a.

weiter bezahlen zu können. Diejenigen, die einen Ruhestandsbezug von 5000.- haben, erhalten in dem Fall 100 Euro Steigerung.

Zudem sind die Berechnungsgrundlagen für Renten und Pensionen offenkundig unterschiedlich und nicht verständlich unter dem Aspekt, dass Bürger vor dem Gesetz gleich sein sollen.

Von denjenigen, die in die Kassen einzahlten und einzahlen, können etliche im Alter nicht mehr ohne Zuverdienst leben. Der Rentner erhält im Alter ca. 48 % seines durchschnittlichen Einkommens und seine Rente wird zusätzlich gedeckelt und besteuert. Der Ruheständler erhält von seinen vergleichsweise hohen Bezügen aus Steuermitteln nicht gedeckelt ca. 71 %.

Mit der Übernahme Ihres Amtes haben Sie die Möglichkeit, dazu beizutragen, dass die Spaltung Deutschlands in OST und WEST, in Arm und Reich schrittweise überwunden und eine tatsächliche Wiedervereinigung in sozialem Frieden möglich wird. Kinder- und Altersarmut als Massenerscheinung in einem sozialen Rechtsstaat auszuschließen, sehen wir als eine vordringliche politische Aufgabe.

Wir wünschen Ihnen viel Erfolg in Ihrer verantwortungsvollen Arbeit als CDU-Vorsitzende.

Hochachtungsvoll

Horst Parton
Vorsitzender

Unbeantwortet
blieben die Briefe des Vorstandes von ISOR e.V. zu §§ 6 und 7 AAÜG seitens

der Bundesministerien
- für Bau und Heimat
- des Inneren
- der Verteidigung

der Fraktionen des Bundestages von
- AfD
- Bündnis 90/Die Grünen
- FDP
- SPD

Der Bundestagsausschüsse
- für Arbeit und Soziales
- für Recht und Verbraucherschutz

des Bundespräsidenten
Frank Walter Steinmeier

der Fraktionsvorsitzenden der CDU/CSU
Annegret Kramp-Karrenbauer

www.ingramcontent.com/pod-product-compliance
Lightning Source LLC
Chambersburg PA
CBHW031923170526
45157CB00008B/3028